LES NUITS

DE LA

MAISON DORÉE

PAR

M. LE Vte PONSON DU TERRAIL

PARIS

E. DENTU, EDITEUR

LIBRAIRE DE LA SOCIÉTÉ DES GENS DE LETTRES

Palais-Royal, 12 et 17, galerie d'Orléans

LES NUITS

DE

LA MAISON DORÉE

LES NUITS

DE

LA MAISON DORÉE

PAR

M. LE Vte PONSON DU TERRAIL

PARIS

E. DENTU, ÉDITEUR

LIBRAIRE DE LA SOCIÉTÉ DES GENS DE LETTRES

Palais-Royal, 12 et 17, galerie d'Orléans

—

1862

(Tous droits réservés).

Imprimerie de Poupart-Davyl et Cie., rue du Bac, 30

A M. LÉO LESPÈS

Mon cher ami,

Je voulais publier mon livre sous les auspices du meilleur camarade que je connaisse dans le monde littéraire et d'un homme de vrai talent.

En écrivant votre nom en tête de ces quelques lignes, je ne pouvais faire mieux.

Vte PONSON DU TERRAIL.

LES NUITS DE LA MAISON DORÉE

I

Il pleuvait...

Le boulevard était désert, les boutiques fermées.

Minuit sonnait à la pendule d'un cabinet de la Maison-d'Or, où deux hommes étaient assis en face l'un de l'autre. Ils étaient jeunes tous deux, élégants dans leur mise, distingués dans leurs manières.

Tous deux résumaient à ravir le prototype du fils de famille. L'un s'appelait Raymond, l'autre se nommait Maxime.

Raymond était grand, il avait l'œil bleu, les cheveux blonds, le pied petit, la main allongée et fine.

Maxime était brun, de taille moyenne, svelte comme un créole de Bourbon, blanc et pâle comme un Moscovite.

Ils étaient l'un et l'autre assis devant une table garnie de trois couverts.

Les crevettes rouges et le buisson d'écrevisses étaient intacts, le vieux médoc n'avait point été débouché, le champagne attendait dans un seau d'eau frappée.

Maxime et Raymond ne voulaient point, sans doute,

toucher à leur fourchette avant l'arrivée du troisième convive.

Raymond se levait de temps à autre, allait ouvrir la fenêtre et se penchait au dehors, sans nul souci de la pluie fine et pénétrante qui mouillait l'asphalte des trottoirs.

— Rien! rien! murmurait-il, hormis mon cocher qui dort sur son siége et le tien qui lit un journal du soir à la lueur d'un réverbère. Antonia ne viendra pas!...

Puis il revenait s'asseoir en face de Maxime et rallumait son cigare à l'une des bougies placées sur la table.

— Ah ça! mon cher, dit Maxime, comme Raymond répétait pour la troisième fois : «Antonia ne viendra pas! » es-tu fou ce soir?

— Moi, fou?

— Sans doute.

— Pourquoi cette question?

— Tu es jeune et beau, tu as cinquante mille livres de rente, tu passes pour un des hommes à la mode, et tu veux qu'Antonia ne vienne pas!

— Peut-être ne m'aime-t-elle plus?

— O cœur naïf! murmura Maxime. L'homme qui a cinquante mille livres de rente est toujours aimé.

— Tu crois?

Et Raymond eut un sourire triste.

— Mais, reprit Maxime, quelle singulière idée as-tu donc eue de nous inviter ce soir, moi ton vieil ami, *elle* la femme que tu aimes, à venir souper ici, en partie fine, comme des étudiants qui ont reçu leur pension mensuelle et veulent éblouir des grisettes?

Raymond continua à sourire et se tut.

Maxime poursuivit :

— N'as-tu pas, tout en haut du faubourg Saint-Honoré, un petit hôtel charmant? Et ta salle à manger. tendue de cuir, meublée en vieux chêne, jonchée d'un tapis d'Orient, ne nous a-t-elle point réunis assez souvent pour que l'idée de nous conduire au cabaret n'ait pu te venir?

Car, sais-tu, mon bon ami! je n'attaque ni la cuisine du lieu où nous sommes, — elle est bonne! — ni le velours de ses divans, ni l'éclat de ses bougies; — mais quand on est, comme nous, du jokey, lorsqu'on a chevaux de sang et maîtresses de choix, on n'imite point les clercs d'avoués qui s'en vont, avec des drôlesses, souper, la nuit, sur le boulevard!...

— Halte! dit Raymond; j'accepte tes reproches; mais, que veux-tu? j'ai vendu mon hôtel ce matin.

— Tu rêves!...

— Non, j'ai fait une excellente affaire. Tu sais que la fureur est aux spéculations sur les terrains.

— C'est vrai. Alors, pourquoi ne point souper chez Antonia? Elle a un joli chalet au *bois*.

— C'est vrai; mais....

Le roulement d'une voiture qui se fit entendre interrompit Raymond. Il se leva précipitamment et, pour la quatrième fois, il courut à la fenêtre.

Un coupé bas venait de s'arrêter à l'entrée de la rue Laffite, en face de la petite porte du restaurant, et une femme s'était élancée d'un bond sur le seuil.

— C'est elle! dit Raymond.

Et son visage s'illumina.

Une minute après, en effet, la porte du cabinet

s'ouvrit et une femme apparut aux yeux des deux jeunes gens.

Elle pouvait avoir vingt-trois ans, elle était belle comme une héroïne de roman, elle avait la grâce d'une châtelaine de Walter-Scott.

Brune comme une fille d'Andalousie, blanche comme une Anglaise, svelte et souple comme une Indienne, Antonia était une de ces femmes dont le regard exerce un charme fatal, dont l'amour bouleverse toute la vie d'un homme, comme un orage remue et fourrage un champ de blé à la veille de la moisson.

— Ah ! chère Antonia ! murmura Raymond en lui prenant les mains, je craignais que vous ne vinssiez pas !

Elle le regarda avec un sourire à demi railleur :

— Mais, sultan de mon cœur, lui dit-elle, savez-vous bien que je ne vous ai jamais fait attendre ?

— C'est vrai ; mais...

— Il pleuvait, n'est-ce pas ?

— Justement. Et puis... et puis...

— Tu es un niais !... lui dit-elle.

Et elle lui jeta autour du cou ses deux bras blancs comme l'albâtre, et elle effleura son front de ses lèvres plus rouges que les cerises de juin.

— Allons ! dit-elle, à table ! Bonjour, Maxime ; mettez-vous auprès de moi ; là, à ma droite... J'ai faim...

Et elle s'assit.

Raymond souriait toujours, mais il était triste, un nuage planait sur son front.

— Oh ! ce Raymond ! s'écria Antonia en attaquant avec ses doigts roses le buisson d'écrevisses, il sera toute sa vie le plus original des hommes !

— Vous trouvez ? fit Maxime.

— Ma foi ! ce souper en est une preuve.

— C'était ce que je lui disais tout à l'heure.

— Ah ! ah !

— Chût ! mes amis, dit Raymond ; ce souper a un but mystérieux.

Allons donc !

— Un but philosophique, même.

— Tais-toi donc, Raymond ! s'écria Antonia ; le mot de *philosophie* me fait froid dans le dos.

— Pourquoi donc, chère ?

— Parce que j'avais une amie jadis qui était dans une misère complète, une misère de roi détrôné ou de poëte, et qui disait à chaque instant : *Bah ! je suis philosophe !...*

— Eh bien ! je ne me servirai plus du mot. Seulement...

— Seulement, dit Maxime, tu vas nous expliquer pourquoi nous soupons ici.

— Parce que j'ai une confidence à vous faire, à toi mon ami, à elle la femme que j'aime.

— Bon ! fit Antonia qui montra ses dents blanches en un sourire ; voilà que Raymond va tomber dans le sentiment.

Et elle se versa un verre de champagne.

— Peut-être ; mais, dans tous les cas, avant ma confidence, dit Raymond, je vous ferai une question à chacun.

— Voyons ! fit Maxime.

— Soit ! je vais commencer par toi. Qu'est-ce que l'amitié, cher ?

— C'est être deux, n'avoir qu'une bourse, qu'une épée et qu'une plume, et aimer deux femmes, c'est-à-dire ne jamais chasser l'un chez l'autre.

— Ta définition me plaît, Maxime. A toi, Antonia...

— Que veux-tu savoir ?

— Qu'est-ce que l'amour ?

— C'est avoir deux bouches qui s'unissent en un baiser, deux cœurs qui n'ont qu'un seul battement, deux haleines qui se confondent, deux âmes que le bonheur abrutit et qui ne sont plus qu'un instinct.

Raymond eut un cri de joie et tendit ses deux mains, l'une à Maxime, l'autre à Antonia.

— Pardonnez-moi d'avoir douté de vous ? dit-il.

— Tu as douté...

— Oui, de toi, mon cher Maxime, qui, après avoir été mon *coppin* de collége, es devenu mon ami dans le monde; de toi, ma bonne Antonia, aux genoux de qui j'ai vécu si heureux pendant trois années.

— Je t'aime ! murmura-t-elle.

— Je suis ton frère, ajouta Maxime.

— Alors, amis, dit Raymond, écoutez ma confidence.

— Voyons ! firent-ils étonnés.

Raymond redevint tout à coup mélancolique.

— Savez-vous bien, dit-il, que je ne sais ni mon nom, ni mon origine?

— Bah !

— Je me nomme Raymond, Raymond tout court.

— Qu'importe! fit Antonia, je n'ai pas de préjugés aristocratiques.

— Soit, reprit Raymond. Je suis né je ne sais où, mes souvenirs d'enfance se perdent dans un vieux château où m'élevait une femme encore jeune et toujours belle, que j'appelais ma mère et dont je n'ai jamais su le nom. Un jour je fus séparé d'elle brusquement et placé dans cette pension de la rue de Clichy où tu m'as connu, Maxime.

— Et tu n'as pas revu ta mère ?

— Jamais !

— Cependant...

— Une main mystérieuse faisait payer ma pension et mes maîtres d'agrément. J'ai été élevé comme un fils de roi. Escrime, équitation, peinture, musique, j'ai tout appris.

A vingt ans, j'étais reçu avocat. Ce fut alors que le directeur de ce pensionnat dans lequel j'avais passé mes jeunes années et qui avait toujours été l'intermédiaire entre mes protecteurs inconnus et moi, me dit :

— Raymond, mon ami, vous êtes homme et l'avenir est à vous. Peut-être ignorerez-vous toujours votre origine ; mais la fortune console de bien des maux quand elle vient à l'appui d'une bonne éducation et d'un noble cœur. Vous avez tout cela, mon enfant, vous êtes instruit, vous avez l'âme bien placée et vous allez entrer dans la vie avec cinquante mille livres de rente. Tous les six mois, vous recevrez une lettre chargée qui contiendra vingt cinq mille francs. Allez, et soyez homme !

Je voulus en vain le questionner.

— Mon ami, me dit-il, je suis le dépositaire d'un secret qui mourra avec moi...

Raymond soupira.

— Cet homme est mort, ajouta-t-il, et je ne saurai jamais...

Maxime et Antonia se regardèrent silencieusement.

— Te souviens-tu, Antonia, poursuivit Raymond, de Trim, mon cheval alezan brûlé?

— Oh! certes! dit la jeune femme, M. de B... te l'a payé quinze mille francs, et j'ai trouvé même que tu avais eu tort de le vendre, bien qu'il toussât légèrement.

— Il ne toussait pas, ma chère.

— Alors pourquoi l'as-tu vendu?

— Parce que j'avais besoin de quinze mille francs. Ne m'avais-tu pas demandé ce joli chalet que tu as à Saint-James? Il me fallait cette somme pour en parfaire le prix.

— Mais, mon ami...

— Ce matin, continua Raymond, j'ai vendu mon hôtel.

— Impossible!

— J'avais quelques dettes, il faut les payer.

— Mais...

— Voici tout à l'heure deux ans, acheva le jeune homme, que la source mystérieuse de ma fortune s'est tarie. Mon protecteur inconnu est mort sans doute, et il n'aura pas eu le temps de songer à moi.

Tandis que Raymond parlait ainsi, il regardait Antonia.

Antonia baissait les yeux sur son assiette et roulait une boulette de mie de pain dans ses doigts.

— En sorte, dit Maxime, que tu es ruiné?

— Il me reste environ mille écus, de quoi vivre un an.

— Et... après?

— Oh! dit Raymond, je suis jeune, instruit, je parle

plusieurs langues, j'ai du courage et je saurai bien gagner ma vie.

Antonia se taisait toujours.

— Ma foi! dit Maxime d'un ton un peu sec, à ta place, j'irais chercher fortune en Amérique.

Raymond tressaillit, il eut froid au cœur.

— Car, mon bon ami, poursuivit le créole, là-bas, vois-tu, on peut faire tous les métiers sans déroger. On était riche, on ne l'est plus, vite on travaille pour redevenir riche, et quand on l'est redevenu, on retrouve son monde d'autrefois, ses amis, ses relations...

— C'est-à-dire, murmura Raymond avec amertume, que, pendant cette pauvreté momentanée, on les a perdus.

— Non, pas précisément; seulement, tu comprends bien, cher ami, que les relations deviennent plus difficiles. Ainsi, suppose que tu restes à Paris : te voilà logé au sixième, allant à pied, te crottant; tu ne peux plus te montrer au bois, aller au club, vivre dans notre monde. Nous resterons amis, mais nous ne pourrons plus nous voir et nous rencontrer comme par le passé.

Maxime disait tout cela froidement, avec une parfaite indifférence, comme s'il eût parlé d'un étranger.

Raymond soupira et se retourna vers Antonia :

—Maxime a raison, dit-il, c'est en Amérique que les fortunes se font vite. Viendras-tu avec moi, chère âme, toi qui savais si bien définir l'amour tout à l'heure? Va, si je te sens auprès de moi, mon courage doublera, mon intelligence deviendra supérieure, et je me hâterai de faire fortune pour te rendre ton opulence passée.

Et Raymond tendait les mains vers la jeune femme, il l'enveloppait d'un regard humide, et semblait attendre qu'elle se jetât dans ses bras et lui dît : *Partons !*

Mais Antonia se taisait toujours.

— Tu ne m'aimes donc plus ? demanda Raymond d'une voix tremblante.

Alors elle leva les yeux sur lui :

— Tu sais bien le contraire, dit-elle. Mais tu es fou, mon pauvre ami, de vouloir t'expatrier d'abord, et tu es bien plus fou encore de songer à m'emmener.

— Pourquoi ?

— Hé ! le sais-je ? dit-elle en haussant les épaules. Que veux-tu que j'aille faire en Amérique, à mon âge ? J'ai vingt-trois ans, je suis une vieille femme, cher. J'ai des habitudes prises, des habitudes de paresse et de luxe qui s'accommoderaient mal de la vie errante que tu me proposes. Je n'aime pas aller à pied, j'ai horreur du travail, j'adore le baccarat, je suis à la mode... Veux tu donc que je renonce à tout cela ?

Et Antonia s'exprimait avec une nonchalante froideur, en traçant de la pointe de son couteau des arabesques sur la table.

Raymond étouffa un cri, regarda tour à tour cet homme qui s'était dit son ami, cette femme qui avait protesté de son amour, et il mit ses deux mains sur son front et s'affaissa sur lui-même en murmurant :

— Oh ! tout ce que j'aimais !...

II

Raymond s'était évanoui. Mais son évanouissement fut court.

Lorsqu'il rouvrit les yeux, sous l'impression d'une sensation glacée, il vit devant lui un inconnu qui, après lui avoir fait respirer des sels, lui jetait de l'eau frappée au visage.

C'était un homme d'environ trente-six ans, de tournure distinguée, de mise irréprochable, et dont la boutonnière était ornée d'une décoration allemande.

— Monsieur, dit-il à Raymond, pardonnez-moi. J'étais dans le cabinet voisin, j'ai entendu la chute d'un corps et je suis accouru.

Raymond regarda autour de lui et se souvint :

— Où donc est Antonia? murmura-t-il.

L'inconnu eut un sourire méphistophélique.

— Elle est partie au bras de Maxime, répondit-il.

Et comme Raymond pâlissait :

— Tenez, monsieur, reprit-il, permettez-moi de souper avec vous; je suis homme de bon conseil, au besoin. Nous allons causer et, sans doute, j'aurai le pouvoir de vous consoler de la perte de votre ami et de l'abandon de votre maîtresse.

Maxime regarda l'inconnu avec une sorte de stupeur.

— Vous avez donc entendu? balbutia-t-il.

— Tout.

— Vous savez...

— Les cloisons sont minces, on est indiscret sans

le vouloir. Mais rassurez-vous, monsieur, si j'ai tout entendu, je n'ai rien appris.

Ces mots étonnèrent Raymond, mais l'inconnu les lui expliqua sur-le-champ.

— Je savais votre histoire, dit-il, je la savais même beaucoup mieux que vous.

Raymond s'était levé, il avait fait un pas en arrière et regardait l'inconnu avec étonnement.

Celui-ci ajouta :

— Je sais ce que vous ne savez pas, — votre nom.

— Vous savez... mon nom ? s'écria le jeune homme qui oublia, en ce moment, l'abandon de son ami et de sa maîtresse.

— C'est-à-dire, reprit l'inconnu, que ce protecteur mystérieux qui a veillé sur vous...

— Eh bien ?

— Je l'ai connu. C'était votre père.

— Ah ! monsieur, monsieur, murmura Raymond étranglé par l'émotion, vous allez me dire son nom, n'est-ce pas ? vous allez me dire s'il vit encore...

L'inconnu secoua la tête.

— Il est mort, dit-il.

— Mort ! fit Raymond en couvrant de nouveau son front de ses deux mains.

— Mort en laissant une fortune de trois cent mille livres de rente, acheva l'inconnu ; et cette fortune, je puis vous la donner, moi...

Raymond laissa retomber ses mains et attacha sur cet homme un œil fiévreux.

— Qui donc êtes-vous ? lui dit-il.

L'inconnu s'était assis en face de Raymond, qui le considérait avec un étonnement mêlé de stupeur.

Nous l'avons dit, il était de haute taille ; sa mise

et ses manières annonçaient un homme distingué.

Mais il y avait dans toute sa personne quelque chose d'étrange, de railleur, et pour ainsi dire d'infernal.

Un moment de silence suivit ses dernières paroles.

— Qui donc êtes-vous, lui dit enfin Raymond, vous qui savez le nom de mon père et qui me proposez de me rendre sa fortune ?...

— Oh ! dit l'inconnu, mon nom ne vous apprendra pas grand'chose, monsieur ; je me nomme le major Samuel, j'ai été longtemps au service de la Prusse ; depuis dix années j'habite la France.

— Mais enfin, monsieur, dit Raymond, comment savez-vous ?...

— Ah ! permettez, dit le major, laissez-moi vous dire d'abord ce que je sais, vous proposer ensuite un petit marché, et puis quand vous l'aurez accepté...

— J'écoute, dit Raymond.

Notre héros était ruiné ; de plus, son seul ami et sa maîtresse venaient de l'abandonner... C'en était assez pour qu'il prêtât l'oreille à cet inconnu qui lui proposait une fortune, c'est-à-dire le moyen de reconquérir sa maîtresse et de retrouver son ami.

Le major se versa un verre de vieux médoc, et, avant de le boire, il le fit briller entre son œil et la flamme d'une bougie.

— Monsieur, dit-il alors, votre père était duc et pair.

Raymond tressaillit.

— Vous êtes son fils *presque* légitime.

— Pourquoi *presque ?*

— Parce que le duc votre père allait épouser votre mère lorsqu'une catastrophe les sépara.

— Expliquez-vous, monsieur...

— Oh! pas avant que vous n'ayez appris ce que j'attends de vous.

— Eh bien! parlez...

— Le duc votre père a laissé trois cent mille livres de rente.

— Vous me l'avez dit.

— Avez-vous jamais rêvé ce chiffre de fortune?

— Jamais!

— C'est-à-dire que vous vous contenteriez de la moitié, n'est-ce pas?

— Ah! certes...

— Allons! dit l'inconnu, je le vois, nous sommes tout près de nous entendre.

— Que voulez-vous de moi?

Le major déboutonna son habit bleu, tira un portefeuille de sa poche, et de ce portefeuille un carré de papier timbré rempli, qu'il mit sous les yeux de Raymond.

Celui-ci lut:

« A présentation, je paierai à l'ordre du major
« Samuel la somme de deux millions cinq cent mille
« francs.

« RAYMOND DE .....
« duc de ..... »

— Vous le voyez, dit l'inconnu, le nom de famille est en blanc; je l'ajouterai sur ce papier le jour où il vous aura été révélé, c'est-à-dire lorsque vous aurez été mis en possession de l'héritage de votre père.

Vous n'avez qu'à signer de votre prénom de Raymond.

— Et si je signe?...

— Je vous demanderai un délai de six semaines, et je mettrai ce soir même cinquante mille francs à votre disposition.

Le major rouvrit négligemment son portefeuille et montra à Raymond qu'il était gonflé de billets de banque.

Cependant le jeune homme ne sourcilla point.

— Pardon, monsieur, dit-il, permettez-moi une question.

— Faites, monsieur.

— Mon père n'a point épousé ma mère.

— Non.

— S'est-il marié?

— Oui.

— A-t-il eu des enfants?

— Non.

Raymond respira.

— Alors je suis son seul héritier?...

— C'est-à-dire, répondit le major, qu'il a laissé sa fortune à sa nièce, car j'oubliais un détail : le duc votre père est mort d'un coup de sang, et il n'a pas eu le temps de faire un testament.

— Bien, dit froidement Raymond. Mais pensez-vous que, s'il eût fait ce testament, il l'eût fait entièrement en ma faveur?

— Non; seulement...

— Alors, interrompit Raymond, vous n'avez aucun moyen, ce me semble, de me faire avoir une fortune qui ne m'était point destinée.

— Pardon, j'en ai un.

— Lequel?

— Je *supprimerai* la nièce du duc votre père, et je mettrai au jour des documents qui établiront votre naissance.

Le major s'était expliqué froidement, en homme qui ne doute pas un seul instant que ses propositions ne soient acceptées.

Mais Raymond, qui l'avait écouté jusqu'au bout, se leva, et, le regardant en face :

— Encore une question, monsieur? dit-il.

— J'écoute, monsieur.

— Mon père était-il réellement gentilhomme, c'est-à-dire aussi noble de cœur que de nom?

— Je le crois, dit le major.

— Et moi, j'en suis sûr, s'écria Raymond dont la voix éclata comme un tonnerre, car bon sang ne saurait mentir !

Le major tressaillit.

— Que voulez-vous dire ? fit-il.

— Je veux dire que l'âme loyale de ce père, dont j'ignore le nom, a dû passer dans mon âme, monsieur; car je m'étonne que vous ayez eu l'audace de me proposer un crime! Vous êtes un misérable!

— Monsieur !...

Raymond étendit la main vers la porte.

— Sortez! dit-il.

Le major fit un pas en arrière; ses lèvres blanchirent, son œil eut un éclair de colère, sa main chercha à son côté une épée absente.

Mais ce fut l'histoire d'une seconde; son rire méphistophélique se fit entendre de nouveau :

— Bah! dit-il, les querelles gâtent les affaires;

je vous donne rendez-vous ici dans huit jours, monsieur. Vous aurez réfléchi d'ici là...

Et il sortit.

. . . .

III

L'inconnu qui prenait le nom de major Samuel descendit, s'arrêta une minute sur le seuil de la porte extérieure de la *Maison dorée*, et parut hésiter.

Mais son parti fut bientôt pris, et, malgré la pluie qui redoublait, il s'élança au dehors et descendit la rue Laffite d'un pas rapide.

Lorsqu'il fut arrivé à l'angle de la rue de Provence, il croisa une voiture qui passait à vide.

— Holà! cocher, cria-t-il.

La voiture s'arrêta, et le major dit au cocher en y montant :

— Marche rondement ; je paie bien.

— Où faut-il vous conduire, bourgeois?

— Rue de la Pépinière.

— Quel numéro ?

— Tu m'arrêteras devant le passage du Soleil.

Le cocher fouetta son cheval qui partit au grand trot.

— M. Raymond, murmura le major durant le trajet, vous êtes un niais! Vous laissez échapper votre fortune; tant pis pour vous!... Je ne la laisserai point échapper, moi.

Et le major eut un sourire sinistre.

Le fiacre atteignit, en dix minutes, le passage du Soleil.

Le major descendit, donna cent sous au cocher et le renvoya.

Le cocher tourna bride et s'en alla, se disant :

— C'est quelque amoureux qui vient *flâner* sous les fenêtres d'une dame.

Le major fit quelques pas du côté de la caserne ; puis, lorsque le fiacre eut disparu, il rebroussa chemin et revint jusqu'à la jonction de la rue du Rocher et de celle de la Pépinière, faisant à mi-voix cette réflexion :

— Décidément, tous ces gens-là me seraient inutiles. Je n'ai besoin que du petit baron, et je vais dissoudre *l'association*.

Cette résolution prise, le major gravit la rue du Rocher, dépassa la place de Laborde, et s'arrêta devant une maison élevée de deux étages seulement, qui n'avait sur la rue qu'une porte bâtarde.

Au lieu de frapper, le major tira une clef de sa poche et l'introduisit dans la serrure.

La porte s'ouvrit, tourna sans bruit et se referma sur le major, qui se trouva dans une obscurité complète, à l'entrée d'un corridor étroit et humide. Mais sans doute ce chemin lui était dès longtemps familier, car il s'avança d'un pas assuré et atteignit la rampe de l'escalier.

Cet escalier, qui montait aux étages supérieurs, descendait en même temps au-dessous du rez-de-chaussée.

Ce fut sous ce dernier chemin que le major, qui marchait à tâtons, s'engagea.

Il descendit une trentaine de marches environ,

puis il se trouva devant une nouvelle porte qu'il ouvrit comme la première.

Cette porte ouverte, le mystérieux personnage se trouva sur le seuil d'un réduit assez bizarre.

C'était une sorte de cave, mal éclairée par la lueur d'une lampe à abat-jour. Au milieu se trouvait une table sur laquelle étaient étalés différents papiers.

Autour de cette table étaient rangées six personnes qui paraissaient attendre l'arrivée du major.

Ces hommes semblaient, par leur mise, appartenir à la classe élevée de la société, et leur réunion dans cette cave eût paru bizarre, si la scène qui suivit ne l'eût expliquée.

— Voilà le président ! dirent-ils tous à la fois.

— Et ils se levèrent et se découvrirent avec un certain respect.

Le major rendit les saluts.

— Pardon, messieurs, dit-il, mille pardons de vous avoir fait attendre. Nous devrions être en séance depuis minuit, et voilà qu'il est trois heures du matin.

— Heureusement, dit un jeune homme qui s'était placé à la droite du major, que les nuits sont longues en décembre.

— C'est vrai. Mais cela nous est bien égal cette fois, répondit le major, et la séance sera bientôt levée.

Ces mots excitèrent une surprise générale.

Alors le major se plaça devant la table, ce qui était un indice de sa présidence, et il se couvrit.

— La séance est ouverte, dit-il.

Les six personnes s'assirent, et l'une d'elles, le

jeune homme qui avait émis cette observation que les nuits étaient longues en décembre, étala devant le président les papiers qui couvraient la table.

Le président les repoussa du doigt :

— Toutes ces paperasses sont inutiles, dit-il.

— Inutiles! fit-on avec un redoublement de curiosité et d'étonnement.

Le président agita la sonnette, emblème de son pouvoir.

— Écoutez, messieurs, dit-il. Notre association, que nous avions appelée l'*Assurance des héritages*, a fonctionné pendant deux années. Nous sommes tous gens du meilleur monde, et le sort, qui nous a ruinés individuellement, est le seul coupable.

Pendant deux années nous avons fonctionné régulièrement ; nous avons eu de bonnes et de mauvaises fortunes, nous avons traversé des heures critiques et couru de grands risques. Moi, personnellement, j'ai joué ma tête ; vous, comte, vous avez frisé le bagne ; tous, nous avons fourni un steeple-chase sur la grande piste de la police correctionnelle.

Nous sommes-nous enrichis ?

Non.

Eh bien ! messieurs, aujourd'hui, la situation est devenue plus terrible que jamais. Quelqu'un de nous aura commis une imprudence ou une simple indiscrétion... La police est à nos trousses!...

Il y eut comme un frisson d'épouvante parmi les six personnages.

Le président poursuivit :

— Car il faut bien vous l'avouer, messieurs :

nous avons eu quelques affaires déplorables, surtout la dernière qui a fait quelque bruit.

— C'est vrai, murmurèrent quelques voix.

— A l'heure où je vous parle, tenez, je ne suis point persuadé que dans la rue un agent quelconque ne nous épie.

Il se fit un mouvement dans l'assemblée.

— Je crois donc prudent, messieurs, de vous engager à vous séparer.

— Mais, dit une voix, l'association est donc dissoute?

— Provisoirement.

— Ah!

— Dans deux mois, peut-être avant, j'aurai trouvé le moyen de nous reconstituer. Messieurs, la séance est levée!

Le mot de police avait jeté parmi les mystérieux associés du major Samuel une telle perturbation, qu'aucun d'eux ne réclama contre la dissolution de la société.

Chacun tournait des regards inquiets vers la porte et eût voulu être bien loin.

— Allons, messieurs! reprit le major, du sang-froid, s'il vous plaît. Nous allons sortir d'ici les uns après les autres.

Et comme deux des associés faisaient vers la porte deux pas égaux, il ajouta :

— Procédons par ordre et sagement. Nous sommes sept ici : le plus jeune sortira le premier, et moi, en ma qualité de président, je fermerai la marche. Je suis comme le capitaine d'un vaisseau naufragé, je quitte mon bord le dernier. A vous, baron.

Et le président regardait le jeune homme qui s'était placé à sa gauche lorsqu'il avait occupé le fauteuil.

— Baron, lui dit-il, vous allez sortir le premier, et vous rentrerez chez vous par la place de Laborde. Dans cinq minutes, monsieur vous suivra et regagnera pareillement son domicile; puis les autres, un à un, car un homme isolé qui sort d'une maison n'éveille l'attention de personne.

Tout en parlant, le major avait une plume à la main, et il s'amusait à tracer des hiéroglyphes sur la table.

Celui des associés qu'il avait appelé le petit baron, suivait la plume de l'œil, et chacun de ses traits avait un sens pour lui, dont la réunion signifiait :

« Je serai chez toi dans une heure. »

Le jeune homme sortit en saluant.

Cinq minutes après, un autre le suivit; puis, de cinq minutes en cinq minutes, chacun des associés s'en alla.

Demeuré le dernier, le major Samuel se mit à rire :

— Les imbéciles! dit-il.. . . . .

IV

Quelques instants après, le jeune homme à qui le major Samuel avait donné le titre de baron suivait la rue Taitbout dans son prolongement entre la rue de Provence et la rue Saint-Lazare. Quand il fut arrivé devant le n° 71, il s'arrêta et sonna.

La porte s'ouvrit, le jeune homme entra dans un vestibule spacieux, encore éclairé, jeta son nom au concierge, qui avait tiré son carreau, et monta lestement au premier étage, où il trouva une porte à deux battants dans la serrure de laquelle il introduisit une clef.

Le petit baron, comme disait le major, était chez lui.

— Un valet de chambre qui dormait tout vêtu sur une banquette s'éveilla au bruit des pas de son maître.

— Je gage, François, dit celui-ci, que tu as laissé éteindre mon feu.

— Monsieur le baron peut se tranquilliser, répondit le valet de chambre. Il y a du feu dans le fumoir et dans la chambre à coucher.

— C'est bien, dit le jeune homme.

Et il traversa successivement une jolie salle à manger, un salon meublé avec goût, une chambre à coucher de petite maîtresse et pénétra dans le *fumoir*.

Le fumoir était en même temps un cabinet de travail.

Il était meublé en vieux chêne, les murs étaient tendus de cuir repoussé, le sol était jonché d'un tapis mauresque.

Le petit baron, comme l'avait appelé le major Samuel, s'assit au coin du feu et attendit, un cigare aux lèvres.

Une demi-heure s'écoula, puis la sonnette de l'appartement rendit un tintement discret.

— François, dit le petit baron, tu vas introduire le major et tu iras te coucher ensuite. Je n'ai plus besoin de toi.

C'était, en effet, le major Samuel.

Il entra, tendit au jeune homme le bout des doigts, se débarrassa de son paletot, et se laissa tomber négligemment dans un fauteuil que lui avançait son hôte.

— Bonsoir, cher, lui dit-il.

— Bonsoir, mon ex-président, répondit le petit baron.

— Mais ! dit le major, est-ce que tu as pu croire, un seul instant, que l'association était dissoute ?

— Dame !

— Tu es fou ! L'association existe.

— Ah !

— Seulement....

— Oh ! fit le petit baron, je savais bien qu'il y avait une restriction.

— La voici : l'association existe toujours, seulement elle n'a plus que deux membres, toi et moi.

— C'est différent.

— Tu es le bras qui agit, je suis la tête qui conseille.

— Bon ! mais où est la besogne ?

Le major regarda fixément son hôte :

— Tu as vingt-neuf ans, dit-il, tu es bien tourné, assez joli garçon, et on peut faire quelque chose de toi.

— Vous croyez ?

— Le titre de baron est devenu vulgaire, mon bon ami.

— Merci !

— Il y a des barons par centaines.

— Est-ce que vous me voulez faire marquis ?

— Non, duc.

Le petit baron se leva vivement.

— Vous rêvez! dit-il.

— Il y a mieux, poursuivit flegmatiquement le baron, je te veux faire épouser une jolie fille.

— Ah!

— Laquelle t'apportera cent mille livres de rentes.

Et le major murmura à part lui :

— Il m'en faut deux cents pour moi ; je veux la part du lion!

Le petit baron regarda fixement le major Samuel :

— Pardon, dit-il, mais je ne comprends tout à fait les choses que lorsqu'elles me sont expliquées.

Le major sourit :

— Tu t'appelles, dit-il, le baron de Vaufreland ?

— Oui.

— Du moins, c'est le nom que tu t'es donné...

Le baron fit la grimace.

— Par conséquent, poursuivit le major avec un flegme imperturbable, peu t'importe d'en changer ?

— C'est selon les avantages que m'offrira cette substitution.

— D'abord une jolie fille.

— Comment est-elle ?

— Blonde.

— Les yeux bleus ou noirs ?

— Bleus.

— Grande ?

— Non.

— Ah! tant mieux!

— Pourquoi ?

— Mais, parce qu'une femme grande n'est pas une femme.

— Bah! qu'est-ce donc?

— Un camarade, répondit le baron.
Le major se mit à rire.
— Après ? fit son hôte.
— Le second avantage est une belle fortune.
— Ceci est plus sérieux. Passons...
— Enfin, tu seras duc.
— Authentique ?
— Mais... sans doute...
— Et je m'appellerai ?
— Le duc Raymond de...
— Voyons ! achevez...
— Oh ! dit froidement le major, c'est inutile pour le moment ; tu t'appelleras RAYMOND, voilà tout !
— Voilà, dit le petit baron, un singulier nom pour un duc.
Le major haussa les épaules.
— Écoute donc, fit-il, et souviens-toi bien de mes paroles.
— Voyons?
— A partir d'aujourd'hui, tu t'appelles donc Raymond.
— Soit.
— Tes souvenirs d'enfance les plus lointains te reportent dans un vieux château de Bretagne, où tu vivais avec une femme encore jeune et belle, ta mère.
— Est-elle morte ?
— Non. Tu verras plus tard. A dix ans, on t'a séparé d'elle et on t'a placé dans un pensionnat.
— Très-bien.
— Tu es devenu homme et on t'a fait tenir mystérieusement tous les ans une pension de cinquante mille francs.

— Et puis ?

— Et puis, c'est tout.

— Comment donc ?

— C'est tout ce que tu dois savoir pour le moment.

— Mon cher major, dit alors le baron de Vaufreland, il faudrait vous expliquer plus clairement.

— C'est inutile.

— Pourquoi ?

Le major prit une attitude hautaine :

— Ah çà ! mon cher, dit-il, si ce que je vous propose ne vous convient pas, vous ferez bien de le dire tout de suite. Je vous répète qu'il est inutile que vous sachiez autre chose pour le moment. Est-ce clair ?

Le petit baron courba la tête et balbutia :

— Je ferai ce que vous voudrez, monsieur.

— A la bonne heure ! dit le major.

Puis, regardant fixement le jeune homme :

— Mon *cher Raymond*, dit-il, j'aurai l'honneur de vous présenter à *votre mère*.

— Quand ?

— Ce soir peut-être. Je dis ce soir, car voilà le jour, ce me semble.

Et le major indiquait du doigt les persiennes, au travers desquelles glissait le premier rayon de l'aube.

— Mais, mon cher major, dit le baron, un mot encore.

— Parlez...

— *Ma mère* me reconnaîtra-t-elle ?

Le major sourit.

— D'abord, dit-il, vous n'aviez que dix ans quand

vous l'avez quittée. La voix d'un enfant et la voix d'un homme ne se ressemblent plus.

— Oui, mais les traits de l'homme gardent souvent une grande ressemblance avec ceux de l'enfant.

— Votre mère est aveugle, dit froidement le major.

— Ah! c'est différent.

Et le baron alluma un nouveau cigare.

Le major prit son chapeau et sa canne.

— Je vous engage à vous coucher, mon cher enfant, dit-il, et à dormir de votre mieux jusqu'à midi, tandis que je m'occuperai de justifier pour vous le proverbe : *Le bien vient à ceux qui dorment*.

— Quand vous reverrai-je?

— Je déjeunerai chez Verdier entre midi et une heure. Venez m'y rejoindre.

— J'y serai. Au revoir, major.

Le major Samuel s'en alla, et lorsqu'il fut dans l'escalier, il se fit cette réflexion à mi-voix :

— Le vrai Raymond est un niais, un vrai niais, car le petit baron a le même son de voix que lui, et il est assez joli garçon pour tourner la tête à sa prétendue cousine.

Quand il fut dans la rue, le major consulta sa montre.

— Il est cinq heures et demie, se dit-il, trop tard pour que je me couche, trop tôt pour que j'aille voir Jeanne l'aveugle. Je vais prendre un bain russe, et puis j'irai faire ma toilette.

Et le mystérieux personnage gagna à pied le boulevard et la rue Vivienne, ajoutant à mi-voix :

— Cette pauvre Jeanne sera bien surprise et bien émue quand je lui raconterai l'histoire des *masques noirs*.

V

Trois heures après environ, c'est-à-dire un peu avant neuf heures, une voiture descendait au grand trot de son cheval de louage l'avenue de Neuilly et s'arrêtait, un peu avant le pont, à la grille d'une petite maison bâtie entre cour et jardin.

Au bruit de la sonnette que le cocher fit vibrer avec le manche de son fouet, une fenêtre du rez-de-chaussée s'ouvrit et encadra le visage rougeaud d'une servante encapuchonnée dans une coiffe bretonne.

Cette femme, qui pouvait bien avoir quarante ans, se prit à considérer avec un étonnement profond et la voiture et le personnage qui en descendait.

Ce personnage, on l'a deviné peut-être, n'était autre que le major Samuel.

Le major renvoya sa voiture et pénétra dans la cour de la maison, dont la servante vint ouvrir la grille, en disant :

— Que désire monsieur ?

— C'est bien ici que demeure une dame aveugle, madame Blanchet ?

— Oui, monsieur.

— C'est à elle que je désire parler.

— Mais, monsieur, dit la servante qui semblait hésiter, madame ne reçoit jamais de visites.

— Elle recevra la mienne quand elle saura pourquoi je viens.

— Monsieur veut-il me dire son nom ?

— C'est inutile. Dites simplement à votre maîtresse que c'est un monsieur *qui était au bal masqué de l'hôtel de ville de Bordeaux.*

Ces paroles n'avaient pour la servante aucune signification. Aussi regarda-t-elle le visiteur avec une curiosité croissante. Mais il eut un geste tellement impérieux qu'elle n'osa lui désobéir, et elle l'introduisit dans un petit vestibule en lui disant :

— Veuillez m'attendre un moment.

Elle poussa une porte au fond du vestibule et disparut.

Quelques minutes s'écoulèrent, puis la servante revint.

— Monsieur, dit-elle avec une certaine émotion, qui sans doute était le reflet de celle que venait d'éprouver sa maîtresse, madame est souffrante, et elle vous demande la permission de vous recevoir sans cérémonie.

La maison était d'une simplicité extrême. On y respirait une aisance médiocre, et, bien certainement, celle qui l'habitait était loin d'être riche.

Le major fut introduit dans un petit salon au rez-de-chaussée, dont l'ameublement n'offrait rien de remarquable, à l'exception, toutefois, d'un grand portrait d'homme placé au-dessus du canapé et dont la peinture vigoureuse attirait tout d'abord l'attention.

C'était une œuvre de maître, à coup sûr, représentant un homme encore jeune, revêtu d'un brillant uniforme de hussards.

Si le portrait était ressemblant, l'homme dont il rappelait les traits avait dû être bien certainement un des plus nobles et des plus beaux types rêvés par l'art.

Nez fièrement busqué, lèvre autrichienne, teint blanc et mat, grands yeux bleus, moustaches blondes, taille svelte et haute, — c'était un portrait en pied; — rien n'y manquait, pas même un calme et fier sourire qui arrondissait les coins de la bouche.

Le major, en franchissant le seuil du salon, regarda tout d'abord ce portrait et murmura :

— Oh! la chaude peinture! Oh! le fringant cavalier!

Mais, presque au même instant, une porte s'ouvrit dans le fond du petit salon et le major entendit des pas légers.

Il se retourna. Une femme venait d'entrer à pas lents, les mains étendues devant elle.

Cette femme touchait-elle aux limites de la jeunesse? avait-elle déjà franchi l'âge mûr?

C'était là un problème des plus difficiles à résoudre.

A voir son front blanc, ses beaux cheveux noirs roulés et relevés sur ses tempes, ses lèvres rouges sur lesquelles glissait un sourire un peu triste, on eût pu croire qu'elle touchait à peine à la trentième année.

Mais quelques rides au bas du visage, quelques plis aux tempes, et puis, un *je ne sais quoi* plein de lassitude dans sa démarche et toute sa personne donnaient à cette présomption un formel démenti.

Cette femme était moins près de trente ans que

de cinquante. Enfin, elle avait de grands yeux limpides mais fixes, des yeux qui ne voyaient pas.

C'était cette créature que, dans ses aparté, le major avait nommée *Jeanne l'aveugle.*

Avec ce merveilleux instinct de ceux qui ont perdu la lumière et chez qui la nature compatissante a développé, comme compensation, l'ouïe et le toucher, Jeanne alla droit au major qui, en se levant du siége où il était assis, avait fait un léger bruit.

— C'est vous, monsieur, lui dit-elle d'une voix grave, triste, mais emplie d'une indicible harmonie, c'est vous qui venez me visiter ?

— Oui, madame, répondit le major.

L'aveugle chercha un fauteuil avec la main et, quand elle l'eut trouvé, elle s'assit.

— Ah ! dit-elle en soupirant, votre visite est bien étrange, monsieur.

— Pourquoi ?

— Parce que depuis près de dix années je n'ai reçu personne.

— Ah !

— Personne n'est venu me voir, acheva-t-elle en laissant retomber sa tête sur sa poitrine.

— Madame, reprit le major, qui sut imprimer à sa voix un timbre affectueux et respectueusement sympathique, les visites d'amis sont rares.

— Je n'ai pas d'amis, dit la femme aveugle.

— Mais, du moins, il est des gens qui vous aiment..

Elle secoua silencieusement la tête.

— Ou qui vous ont aimée...

L'aveugle tressaillit et son visage calme se contracta légèrement.

— Qu'en savez-vous ? dit-elle.

— Oh ! poursuivit le major, je sais bien des choses, madame, et ce n'est point une curiosité banale, odieuse, impie, qui m'amène auprès de vous. J'étais *au bal masqué de Bordeaux.*

Pour la seconde fois, l'aveugle tressaillit profondément.

— Qui donc êtes-vous ? fit-elle, tournant son visage anxieux du côté de l'inconnu, comme si elle eût voulu triompher de sa cécité et dévorer du regard le visage du major.

— Un homme qui peut-être vous apporte le bonheur.

Elle se leva à demi de son siége, étouffa un léger cri, puis retomba, secouant toujours la tête.

— Je n'attends plus de bonheur en ce monde, dit-elle avec amertume ; je suis résignée...

Le major vit une larme s'échapper des yeux éteints de Jeanne et couler le long de sa joue.

— Et cependant, madame, reprit-il gravement, il faut bien que vous sachiez pourquoi je suis venu...

— Je vous écoute, dit-elle.

— Ah ! c'est que j'ai à vous faire un long récit.

— Je suis patiente, murmura-t-elle avec son sourire triste. Parlez...

— Soit, murmura le major Samuel.

Ce dernier s'était tenu debout jusque-là.

Il s'assit, approcha son fauteuil de celui de Jeanne l'aveugle, et lui dit :

— Vous serez patiente, madame, n'est-ce pas ?

— Oui.

— Et si douloureux que puissent être les souvenirs que je vais être contraint de vous retracer...

— Je vous écouterai jusqu'au bout.

— Sans m'interrompre ?

— Allez ! dit-elle, je vous le promets.

Le major Samuel poursuivit :

— Un soir de décembre de l'année 183..., cette ville élégante et spirituelle qu'on nomme Bordeaux s'était réunie tout entière dans un bal masqué donné à l'hôtel de ville.

La foule nombreuse et choisie qui encombrait les salons semblait avoir voulu reproduire toutes les époques, tous les règnes de notre histoire.

Les pages de Charles VI, les fauconniers de Charles IX, les mousquetaires du roi Louis XIII dansaient avec Agnès Sorel, Diane de Poitiers, Valentine de Milan et la belle marquise de Sévigné.

Un magistrat bien connu s'était affublé de la pèlerine et du chapeau garni de figures de plomb du roi Louis XI, et, dans une embrasure de croisée, le monarque dévot causait avec son descendant Louis XV le sceptique.

Cependant, comme on était encore fort près des agitations politiques de 1830, l'autorité municipale avait décidé qu'on laisserait les armes au vestiaire, et pas plus Louis XV que Louis XI, les mousquetaires que les pages, personne ne fut excepté de cette mesure de prudence.

Mais comme minuit sonnait, un leste et fringant cavalier, portant la barbe en pointe, la fraise à trois étages, le toquet à plume blanche et le pourpoint de velours noir, monta les degrés du perron et arriva à la porte du bal en lâchant un *ventre saint-gris* énergique.

C'était Henri IV, mais Henri IV à vingt ans, Henri

le Béarnais, Henri le jeune époux de la reine Margot.

Un loup de velours lui cachait le haut du visage.

Comme il allait franchir le seuil de la grande salle de bal, un mousquetaire vint à sa rencontre.

— Mille pardons, sire, dit-il, mais on n'entre point armé.

— Plaît-il? fit le Béarnais avec hauteur.

Le mousquetaire répéta son invitation.

— On ne désarme pas le roi, dit froidement le Béarnais.

Reculant d'un pas, il campa fièrement sa main gauche sur la garde de son épée, et, de la droite, il se démasqua.

Alors le mousquetaire jeta un cri et recula à son tour.

Le mousquetaire était un jeune homme de trente ans environ. Le personnage vêtu en Henri IV pouvait en avoir vingt-cinq.

Tous deux étaient beaux, tous deux étaient fiers; mais il y avait cependant un abîme entre leurs deux natures.

Le mousquetaire était grand, il avait les cheveux blonds.

Le moderne Henri IV était plus petit, bien que sa taille fût au-dessus de la moyenne.

Il avait le teint blanc, la barbe noire taillée en pointe, et rappelait assez bien, par son type gascon, les traits de Henri le Béarnais.

Ces deux hommes, jeunes tous deux, beaux tous deux, se regardèrent l'espace d'une minute, et leurs yeux étincelèrent comme deux lames d'épée au soleil.

— Ah! vous ne m'attendiez pas ce soir, comte, n'est-ce pas? murmura le Béarnais d'une voix ironique.

— En effet, monsieur le marquis, répondit le mousquetaire, qui était devenu fort pâle. Je vous croyais au Brésil.

— J'en arrive, monsieur, en passant par Londres.

— Ah!

— Et cela tout exprès pour vous. M'avez-vous compris, monsieur?

— Parfaitement.

— C'est-à-dire que je vais vous attendre.

— En quel endroit?

— Mais... en bas...

Et le Béarnais, qui n'avait point franchi le seuil du bal, indiquait du doigt le bas du perron de marbre.

— Mais... monsieur...

— Où voulez-vous que je vous attende?

— Ce n'est point cela...

— Qu'est-ce alors?

Le mousquetaire baissa la voix :

— Vous savez bien, monsieur, que je ne vous échapperai pas, dit-il.

— Je l'espère, du moins...

— Par conséquent, nous pourrions attendre à demain.

— Monsieur, dit froidement le Béarnais, je suis pressé.

— Mais... *elle* est là...

Et le mousquetaire étendait la main vers la porte.

— Eh bien! ricana le jeune homme qui arrivait de Londres, qu'importe?

— Mais, monsieur... monsieur., supplia le mousquetaire, je vous jure que demain au point du jour je serai à votre disposition.

— Je suis pressé, répéta le Béarnais d'un ton sec.

Un éclair de colère passa dans les yeux du mousquetaire.

— Eh bien ! soit, dit-il, et hâtons-nous en ce cas.

— J'ai en bas ma chaise de poste ; nous y monterons avec nos témoins.

— Ah ! fit le mousquetaire, il nous faut des... témoins ?

— Pardieu ! monsieur, je compte bien vous tuer, et je ne veux pas qu'on puisse jamais croire que je vous ai assassiné...., bien que, ajouta le Béarnais avec un rire amer, ce soit presque mon droit.

En même temps il prit dans la poche de ses chausses un petit carnet dont il arracha un feuillet.

— Tenez, comte, dit-il, vous trouverez sans doute dans le bal mon ami Raoul de Nangeal. Remettez-lui cela, il vous suivra sur-le-champ.

Et, pour la troisième fois, le Béarnais répéta :

— Hâtons-nous, je suis pressé...

Le mousquetaire entra dans le bal et se perdit dans la foule.

Le moderne Henri IV redescendit, peu soucieux de se montrer au bal.

Quant à son adversaire, — car ces deux hommes étaient ennemis mortels, — il traversa rapidement deux salons qu'il explora du regard, cherchant sans doute un ami, et, avec cet ami, M. Raoul de Nangeal.

La fête était à son plus beau moment d'enthousiasme et de folie.

Tout à coup le mousquetaire s'arrêta devant un quadrille au milieu duquel une splendide jeune fille attirait tous les regards. Elle dansait avec un jeune homme vêtu en abbé galant du règne de Louis XV, qui avait lui-même pour vis-à-vis un homme vêtu en page de Charles VI.

Ce dernier était justement M. Raoul de Nangeal.

Le mousquetaire laissa tomber un ardent regard sur la jeune fille, un regard plein d'amour et de désespoir, et ses lèvres s'entr'ouvrirent, et celui qui eût été tout près de lui et eût prêté l'oreille aurait pu l'entendre murmurer :

— Mon Dieu ! mon Dieu ! s'il allait me tuer !...

La jeune fille qui dansait leva la tête un moment par dessus l'épaule de son danseur, et elle aperçut le mousquetaire.

Alors un vif incarnat colora ses joues et monta à son front.

Mais déjà le mousquetaire avait disparu.

Seulement, il avait eu le temps de faire un signe à M. de Nangeal et au jeune homme vêtu en abbé galant.

Ce dernier reconduisit la jeune fille à sa place, puis il rejoignit le mousquetaire.

— Que me veux-tu, ami ? lui dit-il.

— J'ai besoin de toi.

— Quand ?

— A l'instant même.

L'abbé fronça le sourcil.

— Serais-tu fou ? dit-il.

— Non, dit tristement le jeune homme ; je suis malheureux, voilà tout.

Et il se pencha à l'oreille de l'abbé.

— Il est revenu, lui dit-il.

L'abbé tressaillit.

— Le marquis Gontran ?

— Oui.

— Oh! malheur, malheur! murmura le jeune homme.

— Je le tuerai, dit le mousquetaire.

— Mais tu es fou !... Si tu le tues...

— Eh bien ?

— Jeanne ne pourra être ta femme.

Un nuage passa sur le front déjà pâle du jeune homme ; son regard s'obscurcit ; il chancela...

— Oh! alors, dit-il, c'est moi qui me ferai tuer. Marchons !

— Mais... où est-il ?

— Là-bas, à la porte. Cherche Nangeal et remets-lui ce mot au crayon. Tu sais que Nangeal est son ami.

Les deux jeunes gens s'ouvrirent un chemin à travers la foule, et comme il passait de nouveau près de la jeune fille, entourée en ce moment d'un cercle empressé de jeunes adorateurs, le mousquetaire sentit ses jambes fléchir.

— Mon Dieu! mon Dieu! répéta-t-il.

Dans le premier salon, ils trouvèrent M. Raoul de Nangeal.

C'était un grand jeune homme aux cheveux roux, fort laid, mais parfaitement distingué.

Le mousquetaire lui tendit silencieusement le feuillet détaché du carnet.

M. de Nangeal y jeta les yeux, tressaillit à son tour et dit vivement au mousquetaire :

— Où est-il?

— A la porte. Il nous attend.

M. de Nangeal passa le premier et s'élança dans l'escalier.

— Je savais bien, murmurait l'abbé à l'oreille du mousquetaire, je savais bien que le marquis reviendrait.

— Tu le savais?

— Oh! tu aurais dû presser ton mariage et arranger les choses de telle façon qu'il n'eût pas le temps de revenir. Maintenant il est trop tard; il faut se battre.

Le Béarnais était toujours dans la rue, devant sa chaise de poste, dont la portière était ouverte. Il avait remis son masque.

M. de Nangeal s'était jeté dans ses bras.

— Montez, messieurs, dit le Béarnais en s'effaçant et montrant d'un geste courtois la berline de voyage.

— Où allons-nous? demanda l'abbé.

— A une lieue d'ici, au bord de la Gironde, dans un petit bouquet de bois où nous serons à merveille. Hé! mais, dit le Béarnais, il me semble que c'est vous, monsieur de Bique.

— Oui, monsieur.

— Alors tout est pour le mieux.

— Vous croyez, monsieur le marquis? fit l'abbé d'un ton légèrement ironique.

— Mais sans doute, car vous savez aussi bien que moi quel est l'abîme qui nous sépare, le comte et et moi.

L'abbé galant s'inclina et les quatre jeunes gens montèrent dans la berline de voyage.

— Messieurs, ajouta le Béarnais, j'ai dans le coffre des épées et des pistolets. Les uns et les autres ont été achetés à Paris et me sont étrangers. Mais soyez tranquilles, messieurs, fit-il avec un sourire, les épées piquent bien et les pistolets ont une belle portée...

La berline partit au grand trot de Bordeaux et courut sur la route qui longe la rivière, en amont, pendant vingt-cinq minutes environ.

Pendant ce laps de temps, un profond silence régna parmi les quatre personnages si bizarrement accoutrés pour la circonstance.

Enfin, la voiture s'arrêta et, le premier, celui qui était vêtu en Henri IV, et à qui on avait donné le titre de marquis, sauta sur la chaussée.

Il faisait une belle nuit d'hiver, lumineuse, calme, un peu froide. Le sol durci était sonore; aucun souffle de vent ne courbait la cime des arbres; un silence profond régnait, troublé seulement par le clapotement confus de l'eau.

La berline s'était arrêtée à la lisière de ce bouquet d'arbres dont avait parlé le Béarnais.

C'était un endroit bien connu de la jeunesse de Bordeaux, fort querelleuse à cette époque, et qui se battait journellement avec les officiers de la garnison, pour cause de politique.

Les arbres, assez serrés sur les bords, s'espaçaient vers le milieu et finissaient par décrire une sorte de fer à cheval autour d'une clairière dont le sol était couvert de sable.

On pouvait se battre à l'épée, en cet endroit, aussi commodément que dans une salle d'armes.

Le marquis, — c'était le titre qu'on avait donné au jeune homme vêtu en Henri IV, fit un signe au valet de pied assis sur le siége de la berline, et celui-ci souleva une caisse oblongue qu'il avait placée sous ses pieds. C'était un coffre qui contenait à la fois deux paires de pistolets et deux paires d'épées de combat.

Le valet prit cette caisse, la chargea sur son épaule et se mit à suivre son maître qui s'était enfoncé sous les arbres.

Le mousquetaire marchait à trois pas de distance ; puis, derrière lui, le jeune homme vêtu en abbé et M. Raoul de Nangeal cheminaient côte à côte et causaient tout bas.

— Ainsi vous croyez, Raoul, disait le premier, qu'il est tout à fait impossible de les réconcilier ?.

— Autant songer à rapprocher les deux pôles.

— Mais la famille ignore cette haine?

— Sans doute, puisque la main de mademoiselle Jeanne a été accordée au comte Victor.

— Et ils s'aiment ? murmura le jeune homme.

— A qui le dites-vous?

— Et ce duel, quoi qu'il advienne, va séparer pour toujours les deux amants ?

— Hélas ! dit M. de Nangeal, c'est incontestable. Si Victor tue Gontran, il ne pourra épouser mademoiselle Jeanne.

— Et, dit l'abbé galant, si Gontran vient à tuer Victor, mademoiselle Jeanne en mourra.

— Tenez, dit tout à coup M. de Nangeal, je suis pris d'un remords terrible.

— Lequel?

— C'est de n'avoir point prévenu mademoiselle Jeanne avant de quitter le bal.

— Eh bien ! si vous l'eussiez fait?

— Elle serait accourue, elle s'interposerait entre eux.

L'abbé secoua la tête :

— Ils remettraient l'épée au fourreau et se rebattraient demain.

En causant ainsi, les deux jeunes gens, qui s'étaient armés des lanternes de la berline de voyage pour éclairer le combat, rejoignirent le comte Victor et le marquis Gontran.

Ces derniers, eux aussi, avaient échangé quelques mots.

— Comte, avait dit le marquis, je dois vous prévenir que j'ai pris mes précautions.

— Ah! ah!

— J'espère vous tuer; mais je n'en ai pas moins prévu le cas contraire, et alors..

— Vous avez sans doute chargé M. de Nangeal de continuer le combat? ricana le comte.

— Non.

— Alors, qu'avez-vous fait?

— J'ai écrit une lettre à mon père et je lui ai tout dit.

Le comte Victor frissonna et sa pâleur devint livide.

— Oh! vous êtes implacable! murmura-t-il.

— C'est vrai.

— Vous n'avez donc jamais pardonné?

— Jamais!

— Peut-être, murmura le mousquetaire avec émotion, peut-être n'avez-vous point songé à votre sœur?

— Au contraire, monsieur, puisque j'ai fait deux

mille lieues dans le seul but de faire échouer vos projets.

— Mais... elle m'aime...
— Je le sais.
— Et si je vous tue...
— Eh bien ! elle vous haïra.
— Oh ! non, jamais ! s'écria le comte avec force, jamais ! car elle saura que jusqu'à la dernière heure j'ai essayé de vous faire entendre la voix de la raison, que je vous ai prié, supplié... ; que moi, le fier et le hautain, je me suis humilié devant vous..., que... je vous ai... demandé pardon !...

Et le comte tremblait en parlant ainsi, et son regard était suppliant. Et c'était chose navrante à voir que ce beau et fier jeune homme adressant sur le terrain, — fait inouï ! — des excuses à son adversaire.

Mais le marquis haussa les épaules et, reculant d'un pas :

— Tenez, dit-il, n'ajoutez pas une syllabe, où je croirais que vous êtes un lâche !

Ce mot fut prononcé avec un tel accent de mépris, que le comte étouffa un cri de rage.

— Oh ! dit-il, des épées ! des épées tout de suite !

Le valet avait ouvert le coffre.

— Tenez, répondit le marquis, choisissez !...

Le comte Victor se baissa, saisit une épée et tomba en garde.

Le marquis en avait fait autant.

— Vous le voyez, dit M. de Nangëal à l'oreille du second témoin, ce serait peine perdue que de tenter une réconciliation.

Les deux adversaires avaient croisé le fer et s'étaient rués l'un sur l'autre avec furie.

Tous deux étaient de fines lames, tous deux avaient fait une longue et patiente étude dans l'art de détruire.

Pendant trois minutes, M. de Nangeal et l'abbé galant, qui s'étaient placés à leur poste de témoins, n'entendirent que le froissement précipité du fer sur le fer; puis, tout à coup retentit un cri de rage : à la lueur des lanternes et aux rayons de la lune, ils virent l'arme du marquis Gontran qui sautait en l'air.

Le comte avait lié l'épée de son adversaire tierce sur tierce, l'avait fait sauter d'un revers de poignet et, allongeant le bras en même temps, il avait appuyé la pointe de la sienne sur la poitrine du marquis.

Et cependant l'épée ne s'enfonça point, et le comte, d'une voie émue, dit au marquis :

— Monsieur, votre vie est entre mes mains; voulez-vous me pardonner ?

— Tuez-moi! dit le marquis avec rage. Je vous hais et je vous méprise !

Le comte étouffa un soupir et releva son arme.

— Vous avez des épées de rechange, dit-il. Je ne tue pas un homme désarmé.

Le marquis courut au coffre, y reprit une épée, et, de nouveau, les deux adversaires tombèrent en garde.

Mais, en ce moment, on entendit un cri terrible, un cri de désespoir et d'angoisse, et une femme accourut et se précipita pour séparer les combattants.

. . . .

A cet endroit de son récit, le major s'arrêta un moment et regarda Jeanne l'aveugle.

La pauvre femme avait le visage baigné de larmes silencieuses.

— Madame, lui dit alors le major Samuel en lui prenant la main, il faut bien que je continue, il le faut, afin que vous sachiez pourquoi j'ai osé venir jusqu'à vous.

— Parlez, répondit-elle. J'ai eu tous les courages en ma vie, j'aurai celui de vous entendre me renouveler toutes mes douleurs.

Le major continua :

— La femme qui venait de s'interposer entre le comte Victor et le marquis Gontran était cette belle jeune fille que le mousquetaire avait regardée naguère avec tant d'amour.

— Mon frère ! s'écria-t-elle en regardant le marquis. Victor ! répéta-t-elle avec un indicible accent de désespoir et d'effroi, en tendant les deux mains au comte, vous qui allez être mon époux !

Et, comme ils s'étaient écartés, piquant leurs épées en terre, elle se prit à les contempler l'un et l'autre avec une sorte de stupeur.

— Toi, mon frère, dit-elle encore, toi que nous n'avions pas vu depuis trois années, est-ce donc pour tuer l'homme que j'aime que tu es revenu?

Et, s'adressant au comte Victor, tandis que le marquis gardait un morne silence :

— Mais dites-moi donc, fit-elle, que vous ne le connaissiez pas... que vous ne l'aviez pas reconnu... dites-moi...

Le comte baissait la tête.

Mais tout à coup le marquis jeta son épée loin de lui et, tendant la main à son adversaire :

— Je vais tout expliquer, dit-il.

Le comte prit la main du marquis. Alors celui-ci se mit à sourire, et, regardant sa sœur :

— Ma chère Jeanne, dit-il, je suis revenu pour assister à ton mariage. Mais j'avais une vieille querelle à vider avec ton futur époux, et nous devions nous battre au premier sang. Tu vois que ce n'était pas fort dangereux.

— Mon Dieu! murmura la jeune fille toute tremblante.

— Mais puisque te voilà, j'espère que le comte n'aura pas plus de rancune que moi.

— Oh! certes! dit le comte.

Et les deux jeunes gens se serrèrent de nouveau la main.

La jeune fille pâle, frissonnante, s'était jetée dans les bras de son frère.

— Et maintenant, ajouta ce dernier, retournons au bal.

Jeanne s'était appuyée sur son bras.

— Viens ! dit-elle.

Et, par dessus l'épaule de son frère, elle jeta un tendre regard à son amant.

M. de Nangeal et M. de Bique, témoins de cette étrange scène, n'avaient point échangé un seul mot.

Ce ne fut que lorsque le comte donnant le bras à sa sœur se fut éloigné de quelques pas, que M. de Nangeal dit à l'abbé galant :

— Croyez-vous à la sincérité de cette réconciliation ?

— Hélas ! non, répondit l'abbé, c'est une comédie terrible.

— Je le crains, hélas !

— Et moi je suis sûr qu'ils se rebattront demain, et à mort, cette fois.

Les deux jeunes gens soupirèrent et sortirent de la clairière à pas lents.

Le marquis avait fait remonter la jeune fille dans la voiture qui l'avait amenée, voici comment.

Jeanne avait vu sortir le mousquetaire du bal.

Sa pâleur subite avait frappé la jeune fille, elle l'avait suivi et vu s'éloigner avec M. de Nangeal et M. de Bique.

Alors avec ce merveilleux instinct du cœur que les femmes seules possèdent, Jeanne avait deviné que le comte Victor allait se battre.

Elle quitta le bal sans prévenir personne et, comme elle arrivait dans la rue, elle aperçut la berline de voyage qui s'éloignait rapidement.

Se jeter dans une voiture et promettre au cocher une poignée d'or s'il pouvait rejoindre la berline, fut pour Jeanne l'histoire d'une minute.

On comprend maintenant comment elle était arrivée sur le théâtre du combat sans se douter, hélas ! que l'homme avec qui le comte Victor croisait le fer était son frère à elle.

On sait le reste.

Moins d'une heure après, le roi Henri IV déposait son épée au vestiaire du bal et, son masque sur le visage, il entrait, donnant la main à Jeanne, vêtue en reine Margot.

Le mousquetaire et l'abbé galant entrèrent derrière eux, et bientôt la jeune fille, dont l'émotion était calmée, se remit à danser.

Alors le marquis Gontran s'approcha du comte Victor.

— Maintenant, madame, dit le major, s'interrompant de nouveau, il faut que je vous dise ce que vous n'avez jamais su.

— Ah! dit Jeanne l'aveugle, j'ai su tant de choses, monsieur...

— Sans doute, mais vous avez toujours ignoré le vrai motif de cette haine violente que le marquis Gontran portait au comte Victor.

L'aveugle se dressa vivement de son siége comme si elle eût été mue par un ressort d'acier :

— Vous le savez donc ? dit-elle.

Et ses larmes cessèrent de couler et tout son visage exprima une ardente et douloureuse curiosité.

— Oui, madame, répondit le major, et je suis peut-être aujourd'hui le dernier dépositaire de ce fatal et terrible secret.

Et le major continua :

— Environ deux années avant les événements que je viens de vous rappeler, madame, par un soir d'hiver, et comme la nuit approchait, un groupe de quatre chasseurs atteignit la lisière d'une grande forêt du Poitou.

Auprès d'eux, un piqueur qui tenait en lesse une petite meute de chiens de Vendée, poussait devant lui un mulet sur le bât à paniers duquel était couché un énorme sanglier mort, dépouille opime de la journée.

Le soleil avait disparu derrière de gros nuages

noirs, la terre était couverte de neige; il faisait froid, et nos chasseurs, le fusil sur l'épaule, le couteau de chasse à la ceinture, vêtus de velours, chaussés de grandes bottes montantes, et la tête couverte, les uns du large chapeau vendéen, les autres de la casquette ronde des sportmen, soufflaient dans leurs doigts et marchaient d'un pas rapide.

— Brrr! disait l'un d'eux, comme il fait froid!

— J'ignore où sont mes doigts, répondit un ! second. J'ai l'onglée.

— Heureusement, messieurs, ajouta le troisième, que nous ne sommes qu'à un quart de lieue de notre halte de chasse.

— Et que, fit le quatrième en manière de conclusion, nous y trouverons bon souper, bon feu et bon vin.

Les quatre jeunes gens doublèrent le pas et s'éloignèrent de la forêt.

Cependant, l'un d'eux demeurait en arrière :

— Hé! Gontran? lui cria-t-on, es-tu donc engourdi par le froid ou bien rêves-tu à tes amours?

Le jeune homme ainsi interpellé se rapprocha :

— Et quand cela serait? fit-il.

— Tu as des amours?

— Peut-être...

— Ah! bah!

Et il y eut comme un éclat de rire moqueur et sceptique :

— Je croyais, dit un des chasseurs, que tu avais juré de ne jamais aimer.

— Serment d'ivrogne!

— Sous le vain prétexte que les femmes nous

prennent plus qu'elles ne nous donnent, et nous coûtent plus de larmes qu'elles ne nous rapportent de joies.

— C'est vrai, messieurs. Que voulez-vous? Est-on jamais le maître absolu de son cœur?

Et le jeune homme prononça ces mots d'un ton grave et légèrement ému.

— Oh! oh! messieurs, dit celui qui marchait à sa droite, Gontran est décidément amoureux.

— J'en conviens.

— Et si nous le mettons sur le chapitre de ses amours, je vous jure que nous aurons le plus déplorable des soupers.

— Pourquoi donc?

— Mais parce qu'un amoureux est mélancolique.

— C'est juste.

— Donc, foin de la mélancolie!

— Oh! messieurs, dit celui qu'on avait appelé Gontran, rassurez-vous, je ne vous importunerai point de mes secrets. D'ailleurs le vrai bonheur n'est pas communicatif.

— Tu es donc réellement heureux?

— Oh! fit le jeune homme d'un ton pénétré.

— Victor est un sceptique, dit Raoul de Nangeal...

Car, vous l'avez deviné, madame, s'interrompit le major, ces quatre jeunes gens n'étaient autres que le marquis Gontran de L..., le comte Victor de B..., M. Raoul de Nangeal et M. de Bique.

L'aveugle fit un signe de tête affirmatif et le major poursuivit:

En causant ainsi, les chasseurs atteignirent une ferme enveloppée dans un bouquet d'arbres, et dans laquelle ils logeaient en *déplacement*, comme on dit, depuis trois jours.

Lorsqu'ils franchirent le seuil de la cuisine, un large feu flambait dans l'âtre et un cuisseau de chevreuil à la broche achevait de se rissoler.

Dans une petite salle attenante à la cuisine, la fermière avait couvert une table de gros linge bis et de faïence enluminée, au milieu de laquelle étincelait l'argenterie armoriée apportée par les chasseurs.

— Allons ! messieurs, à table ! dit M. de Bique. Je meurs de faim.

— Laisse-moi donc me réchauffer un moment, dit Victor, qui se plaça sur une chaise à califourchon devant le feu. Je n'ai pas comme Gontran un amour au cœur, moi...

Et Victor se mit à rire.

— Oh ! toi, dit Raoul, tu es un vrai railleur.

— Je suis trop vieux pour aimer...

— Bah !

— Je réserve tout l'amour que je puis avoir au fond de l'âme pour la femme que j'épouserai.

— Pouah ! messieurs, fit M. de Bique, voici que Victor va nous parler mariage. Merci ! Quelle absinthe !

Raoul et M. de Bique se mirent à table et le marquis Gontran les suivit.

Victor était toujours auprès du feu; mais comme la porte de la petite salle était demeurée ouverte, la conversation continua :

— Ainsi Gontran a une maîtresse ? fit Raoul.

— Oui certes.

— L'aimes-tu ?

— A en mourir.

— Et peut-on savoir à quel monde elle appartient ?

Gontran tressaillit,

— Que vous importe ! fit-il.

— Hé ! dit Raoul de Nangeal, c'est que je t'ai vu bien assidu pendant tout l'hiver auprès de certaine baronne...

— Tu te trompes, la femme que j'aime ne va point dans le monde.

— Vraiment ?

— C'est une Bayonnaise, — à jupe rouge et à foulard bleu, ajouta froidement Gontran.

Et tu l'aimes ?

— A en mourir... Et si mon père n'était plus de ce monde, je l'épouserais.

Le jeune homme prononça ces mots avec une conviction telle, que M. de Nangeal et M. de Bique tressaillirent et se turent.

Quant au comte Victor de B... il vint se mettre à table et dit :

— Ma foi ! messieurs, les Bayonnaises sont si jolies, que je comprends l'amour de Gontran. Tenez, il y a cinq jours, j'ai aimé une de ces filles-là. — Oh ! pas longtemps, l'espace d'une nuit, — et, j'ai rompu avec elle, me sentant gagné par un charme irrésistible.

— Ah ! ah ! dit Raoul, toi aussi ?

— Oh ! dit Victor, continuant à sourire, c'est une assez jolie histoire, du reste.

— Conte-nous-la.

— Il paraît que la petite avait un amoureux, —

un bel amant mystérieux, qui s'introduisait chez elle avec des précautions romanesques.

A ces mots de Victor, Gontran fit un brusque mouvement ; mais aucun des trois convives n'y prit garde.

— La petite, continua Victor, vivait avec ses parents, dans une rue étroite de Bordeaux, la rue de la Vieille-Tour. Chaque nuit, une fenêtre de la maison voisine s'ouvrait et une planche était jetée comme un pont de cette fenêtre à celle de la Bayonnaise... Mon valet de chambre avait pris tous ces renseignements, et il s'est chargé de tout, acheva Victor.

Gontran se dressa tout à coup et tout d'une pièce :

— Pardon, dit-il, en regardant Victor fixement, mais ton histoire m'intéresse. J'aimerais assez des détails.

— En voici. L'amant mystérieux s'est absenté, paraît-il. Mon valet de chambre m'a introduit dans sa maison et... la planche... tu comprends.

Gontrand s'élança sur Victor :

— Tu mens ! ou tu es un infâme ! s'écria-t-il.

— Je dis vrai, répondit Victor, qui devina soudain et devint pâle comme un mort.

— Cet amant mystérieux, poursuivit Gontran, cet *amant à la planche*, cet homme trompé, trahi, et dont toute la vie est brisée maintenant, c'est moi !...

— Et, rapide comme la foudre, il souffleta Victor sur les deux joues, aux yeux des deux autres jeunes gens consternés.

— Il me faut tout ton sang! murmura-t-il, tandis que Victor jetait un cri de rage.

. . . .

Une heure après, madame, reprit le major Samuel après un moment de silence, un duel sauvage, inouï dans les annales françaises, un de ces duels féroces que les Yankees ont inventés, avait lieu à peu de distance de la ferme.

Gontran de L... et Victor de B... armés d'un fusil de chasse, marchaient l'un sur l'autre, avec le droit de faire feu de leurs deux coups à volonté.

Victor, ivre de rage, car il avait été souffleté, tira le premier et sa balle effleura l'épaule du marquis Gontran.

Gontran fit feu à son tour, et Victor ne fut point atteint.

Alors ce dernier épaula de nouveau.

Mais, tout en continuant à marcher, obéissant à un mouvement instinctif, Gontran baissa la tête, et la balle qui devait lui briser le crâne, perça seulement son chapeau. Victor avait tiré ses deux coups; il en restait un à Gontran.

Gontran marchait toujours et lorsqu'il ne fut plus qu'à trois pas de son adversaire, il appuya son doigt sur la détente.

Victor tomba sans pousser un cri.

On remporta le jeune homme à la ferme.

M. de Nangeal, qui avait fait quelques études chirurgicales, déclara que le comte Victor de B... serait mort avant le point du jour, et il dit à Gontran :

— Sauve-toi ! retourne à Bordeaux... C'est le plus sage !

Le marquis Gontran monta à cheval, galopa vingt heures, arriva à Bordeaux, courut à la rue de la Vieille-Tour et croisa un convoi funèbre, celui de la jeune fille qu'il avait tant aimée.

La Bayonnaise était morte des suites de l'immense douleur qu'elle avait éprouvée en reconnaissant sa méprise.

Gontran voulut se tuer ; puis il eut honte du suicide, et il se dit que mieux valait pour lui aller chercher la mort sous quelque climat meurtrier du nouveau monde.

Et voilà pourquoi, madame, acheva le major Samuel, le marquis Gontran partit en écrivant à sa famille qu'il ne voulut point revoir :

« J'ai perdu au jeu, la nuit dernière, une somme immense. Je vais en Amérique refaire ma fortune. »

. . . .

L'aveugle écoutait tous ces détails avec une sombre avidité.

On eût dit qu'elle éprouvait comme une joie cruelle à revivre au milieu de ce passé déjà lointain.

— Après ? monsieur, après ? fit-elle vivement.

— Deux ans s'écoulèrent. M. Raoul de Nangeal s'était trompé dans ses prévisions chirurgicales. Le comte Victor de B... n'était pas mort.

Il lui fallut trois mois pour se retrouver sur ses pieds, et un voyage en Italie d'une année pour achever son rétablissement.

Il revint à Bordeaux où son aventure tragique était inconnue.

MM. de Bique et de Nangeal avaient gardé le plus profond silence. Une jeune fille, belle et charmante, une créature adorable se trouva sur son chemin. Il l'aima...

Et quand son cœur battit à rompre sa poitrine, lorsque son âme tout entière fut à jamais liée à l'âme de cette jeune fille, il apprit, en frissonnant, qu'elle était la sœur de cet homme dont il avait brisé la vie et foulé l'amour aux pieds.

Vous comprenez maintenant, madame, n'est-ce pas ?

Le comte Victor de B... demanda et obtint la main de mademoislle Jeanne de L..., qu'il aimait, et qui l'aimait ; et, huit jours avant le mariage, ce frère disparu, le marquis Gontran, qui était allé refaire sa fortune en Amérique, revint et se montra au milieu d'une fête comme la statue du commandeur.

Le comte Victor avait espéré que son mariage serait célébré avant le retour de son ennemi.

Le comte s'était trompé.

Vous savez maintenant quelle haine terrible le marquis Gontran nourrissait pour celui qui voulait devenir l'époux de sa sœur.

Le marquis, en présence de Jeanne, avait dissimulé ; il avait tendu la main à son adversaire.

Mais ni M. de Nangeal, ni M. de Bique n'avaient été dupes de cette réconciliation. Tous deux avaient compris que c'était partie remise, et je vais, maintenant, vous dire ce qui se passa au bal, entre M. Victor B... et le marquis Gontran de L..., tandis que Jeanne dansait avec l'insouciance de son âge, et la conviction que son frère et son fiancé étaient les meilleurs amis du monde.

— Monsieur, dit le marquis en entraînant le comte Victor à l'écart, j'espère que vous avez compris.

Le comte s'inclina :

— Parfaitement, dit-il.

— Demain, n'est-ce pas ? reprit le marquis.

Le comte soupira et fit un signe de tête affirmatif :

— Je suis à vos ordres, dit-il.

Le marquis parut réfléchir :

— Tenez, fit-il, j'ai une bonne idée, je crois.

— Voyons ?

— Si je vous tue, il sera toujours temps que je m'explique. Si vous me tuez, vous aurez creusé entre ma sœur et vous un tel abîme que vous ne le pourrez jamais combler. Donc, écoutez-moi bien.

— Soit, parlez...

— Je vais vous laisser votre rôle de fiancé jusqu'à demain soir. Ma famille est à son château de la Morelière, vous savez, sur la route de Libourne, à cinq lieues de Bordeaux. Mon père y est resté. Ma mère et ma sœur sont seules ici.

— Je le sais.

— Je vais les reconduire et je vous invite à dîner à la Morelière, demain, vous, Nangeal et M. de Bique.

Le comte répondit froidement :

— Cela tombe d'autant plus juste que je suis attendu à la Morelière demain.

— Ah !

— Pour la signature du contrat.

— Alors vous connaissez parfaitement les êtres du château ?

— A merveille !

— Nous en sortirons par la serre et la petite porte

du jardin et nous irons jusqu'à un endroit qu'on nomme le *Saut-du-Loup*.

— Je le connais.

— Là, acheva le marquis, nous pourrons nous battre à outrance, nul ne nous dérangera. Au revoir, comte !...

Et le marquis salua et se perdit dans la foule.

— O fatalité ! murmura le comte Victor qui demeura un moment immobile, muet, la sueur au front, à la place où l'avait laissé Gontran de L...

Tout à coup M. de Bique, celui des deux témoins que nous avons vu vêtu en abbé galant, vint le rejoindre :

— Gontran, lui dit-il, vient de m'apprendre que nous dînions demain à la Morelière.

— Oui, fit le comte.

— Je devine.

— Ah ! murmura Victor en plaçant ses deux mains sur son front, Jeanne est à jamais perdue pour moi. Si je tue son frère, je ne pourrai jamais...

— Chut! dit M. de Bique. Sortons... nous avons à causer.

Et il l'entraîna hors du bal.

Tous deux quittèrent l'hôtel de ville et s'en allèrent dans une rue étroite et déserte.

— Comte, dit alors M. de Bique, tout est perdu, si Jeanne ne t'aime pas au delà de toutes limites.

— Et si son amour est sans bornes ?

— Tout est sauvé.

— Que veux-tu dire ?

— Écoute. Demain tu vas aller à la Morelière.

— Oui.

— Quand tout le monde sera couché, tu en sortiras pour t'aller battre avec Gontran ?
— Hélas !
— Eh bien ! Il faut qu'auparavant tu voies mademoiselle Jeanne.
— Et quand je l'aurai vue ?
— Que tu lui avoues la vérité ou du moins que tu lui affirmes qu'il y a entre Gontran et toi une haine mortelle. Il faut alors qu'elle comprenne que la fuite seule peut assurer votre bonheur.

Le comte tressaillit :
— Mais c'est un enlèvement que tu me proposes? dit-il.
— Hé ! sans doute. Jeanne compromise, Jeanne en ton pouvoir, il faudra bien que le marquis fasse taire sa haine pour sauver son honneur...
— Oh ! tu as raison, dit le comte qui se jeta au cou de M. de Bique.
— Je me charge de tout, acheva ce dernier.

Demain soir, à onze heures, j'aurai placé au bout du parc une chaise de poste attelée, et je te jure que les chevaux seront bons... Adieu... à demain...

. . . .

En cet endroit de son récit, le major s'arrêta de nouveau :
— Madame, dit-il à Jeanne l'aveugle, la patience avec laquelle vous écoutez ce douloureux récit sera bientôt récompensée. Croyez-moi... tout n'est point perdu pour vous en ce monde...

Il lui baisa la main et reprit :

VI

Le lendemain du bal, il y avait eu nombreuse réunion au château de la Morelière.

On avait signé le contrat de mariage de M. le comte Victor de B..., fils cadet du duc de B..., avec mademoiselle Jeanne de L...

A dix heures du soir, la plupart des invités étaient partis et il ne restait plus dans le grand salon du château que les deux fiancés, le marquis Gontran, M. de Nangeal et M. de Bique.

— Mon cher comte, dit Gontran en se levant à son tour, Nangeal, Bique et moi, nous allons à une expédition nocturne.

— Bah! fit le comte jouant la surprise.

— Que voulez-vous dire? demanda Jeanne étonnée.

— Oh! rassure-toi, petite sœur, dit le marquis, ce n'est point une expédition du même genre que celle de la nuit dernière.

Et il tendit cordialement la main à Victor qui eut le courage de la serrer.

— Et où allez-vous donc? demanda la jeune fille.

— A l'*affût* du loup.

— Bah! fit Victor.

— Nous y passerons vraisemblablement la nuit, ajouta le marquis. Bonsoir, petite sœur; bonsoir, cher beau-frère futur...

Les trois jeunes gens sortirent, laissant les deux fiancés en tête-à-tête.

Mais le marquis et M. de Bique échangèrent tour à tour un regard rapide avec Victor.

Le regard de M. de Bique signifiait :

— Hâte-toi! Les chevaux et la chaise de poste sont prêts.

Le regard du marquis voulait dire :

— Je suis patient, causez avec votre fiancée aussi longtemps qu'il vous plaira; mais lorsque vous aurez pris congé d'elle, songez que je vous attends...

Lorsqu'ils furent partis, le comte Victor comprit qu'il n'y avait pas une minute à perdre.

Et se levant sur-le-champ, il prit les deux mains de Jeanne, changea subitement d'attitude et de langage et lui dit :

— Jeanne, m'aimez-vous ?

Elle fut effrayée de son accent :

— Oh! dit-elle, il le demande!

— M'aimez-vous plus que la vie ?

— Oui.

— Plus que l'honneur ?

— Oui, dit-elle affolée.

— Si j'étais perdu pour toi, mourrais-tu ?

— A l'instant même.

— Et s'il te fallait tout quitter pour moi...

— Je te suivrais au bout du monde.

— Eh bien ! reprit le jeune homme avec vivacité, hâtons-nous, Jeanne, car chaque minute qui s'écoule nous rapproche de la mort.

— Que veux-tu dire ?

— Sais-tu où est allé ton frère?

— Non.

— A un quart de lieue d'ici, au *Saut-du-Loup*, où il m'attend avec ces messieurs qui sont nos témoins...

— Oh !...

— Ton frère me hait mortellement. Il veut me tuer, et il me tuera si je ne le tue... et si je le tue...

— Oh ! jamais ! jamais !! s'écria la jeune fille éperdue.

— Viens ! fuyons !... fuyons !!... ou nous sommes perdus, répéta le comte avec une énergie sauvage.

Et il jeta sur les épaules de Jeanne un grand burnous blanc qu'elle portait, le soir, en se promenant dans le parc.

Et comme elle hésitait encore, il la prit dans ses bras, ouvrit la porte-fenêtre qui donnait sur le perron et l'entraîna dans le parc, à l'extrémité duquel la chaise de poste préparée par M. de Bique attendait...

M. de Bique était un homme de précaution.

Les chevaux n'avaient point de grelots, de plus leurs pieds étaient enveloppés de chiffons !...

. . . .

— Monsieur ! Monsieur ! interrompit à son tour Jeanne l'aveugle, de qui donc tenez-vous tous ces détails qui sont d'une rigoureuse exactitude ?...

— Patience ! madame, répondit le major. Je suis tout à l'heure à la fin de cette navrante histoire, et vous allez bientôt savoir pourquoi j'ai eu le courage de vous la rappeler...

Et le major poursuivit :

Deux heures après, la chaise de poste avait fait dix lieues ; au point du jour, elle était bien loin du château de la Morelière.

Jeanne et son ravisseur ne s'arrêtèrent que le soir dans une misérable auberge où ils passèrent la nuit. Ils se dirigeaient vers la Vendée où le comte Victor avait des amis sûrs...

Mais le lendemain, au coucher du soleil, comme la chaise de poste traversait une forêt épaisse et sombre, un coup de feu retentit, une balle siffla et un des chevaux atteint dans le chanfrein tomba mortellement frappé.

En même temps quatre hommes le visage couvert de masques noirs s'élancèrent sur la route et entourèrent la voiture.

Le comte Victor sauta à terre pour se défendre, mais il reçut un coup de pistolet presque à bout portant et fut renversé mourant sous les pieds des chevaux.

En même temps son meurtrier se démasqua et courut à Jeanne évanouie, murmurant :

— J'ai tué ton séducteur; mais comme il faut que mon honneur soit sauf, je te condamne à une prison éternelle. Tu es morte pour le monde entier...

. . . .

VII

— A présent, madame, dit encore le major, reportons-nous à dix années plus tard.

Jeanne vit enfermée en un manoir de Bretagne.

Elle n'a jamais revu le comte Victor. Est-il mort ou vivant?

Ses geôliers ne le lui diront jamais...

Mais Jeanne est devenue mère. Elle a un fils de dix ans qu'elle nomme Raymond.

Ce fils est toute sa joie, tout son bonheur... C'est la vivante image de son père... C'est le comte Victor de B... à dix ans...

Eh bien! la malheureuse femme, brisée en son amour, verra son dernier bonheur perdu...

Une rivière profonde passe au bout du parc de ce manoir converti en prison,..

Un matin, l'enfant disparaît... on retrouve sa blouse et sa casquette flottant sur la rivière...

L'enfant s'est noyé !

. . . .

A ces derniers mots, Jeanne l'aveugle poussa un cri terrible, le cri de la mère dont le cœur endormi par la douleur se réveille tout à coup.

Mais, tout à coup aussi, le major lui serra énergiquement la main :

— Soyez forte, madame, dit-il, forte contre la joie comme vous l'avez été contre la douleur... Votre fils ne s'est point noyé !...

Et comme elle se levait tremblante, éperdue, folle, étendant les mains devant elle et s'écriant :

— Oh! quel rêve je fais !...

Le major ajouta :

— Votre fils vit, madame, et je vous le rendrai !...

— Vous! vous! dit-elle en tombant à genoux et joignant les mains.

— Moi, dit-il, et je vous l'amènerai...

L'aveugle tremblait de tous ses membres et fondait en larmes.

Elle était à genoux, ses yeux étaient tournés vers le ciel, ses mains jointes... et parfois elle murmurait :

— Mon Dieu! faites que je ne meure pas, à présent...

Et puis, soudain, le doute, un doute affreux traversa son esprit :

— Et qui me dit, fit-elle en se redressant tout à coup, qui me dit que vous ne me trompez pas?...

— Votre fils sera dans vos bras ce soir même, répondit le major avec un accent si convaincu, que Jeanne eut foi en lui.

— Je vous crois, dit-elle.

Puis elle continua à pleurer.

— Mais, madame, reprit le major, il ne suffit pas que je vous affirme l'existence de votre fils, il faut encore que je vous dise comment vous avez pu croire à sa mort. Il faut que vous m'écoutiez encore...

— Oh! parlez, parlez! dit-elle, maintenant parlez-moi de mon fils...

— Le comte Victor de B..., madame, semblait avoir l'âme chevillée au corps. Il ne mourut pas plus du coup de pistolet tiré sur lui par votre frère, qu'il n'était mort de la balle qui lui avait traversé la poitrine deux années auparavant.

Mais ce fut en vain qu'il remua ciel et terre, lorsqu'il fut rétabli, pour vous retrouver.

Le marquis Gontran avait pris ses précautions.

Au bout de dix années, il se maria, désespérant de vous retrouver jamais. Son union fut stérile.

Pour le monde entier, le comte Victor de B... était devenu l'homme heureux entre tous. La mort de son père et de son frère aîné l'avaient fait duc et pair; il avait une grande fortune; et cependant un ver rongeur dévorait sa vie.

Il n'avait pas d'enfants, il n'en aurait jamais... et il vous pleurait comme morte.

Un jour, un homme qui avait disparu depuis dix années, un homme qu'il croyait mort aussi, se présenta chez lui.

C'était le marquis Gontran.

— Ah! s'écria le duc Victor, c'est vous enfin! venez donc, et, cette fois, c'est moi qui vous tuerai!...

— Vous vous trompez, ricana le marquis. Ce n'est plus votre vie qu'il faut à ma vengeance; c'est une douleur terrible, épouvantable que je vous réservais... Jeanne est devenue mère... vous avez un fils... un fils que j'ai séparé d'elle... pour que vous ne puissiez le retrouver... un fils que vous ne verrez jamais...

Alors le duc oublia sa haine, il oublia que cet homme avait immolé à sa rancune le bonheur et la vie entière de sa sœur; il se jeta à ses genoux, il l'implora et le supplia...

Le marquis fut implacable.

— Tenez, lui dit-il, je veux cependant vous prouver que je ne suis point injuste et aveugle dans mes haines. Vous avez brisé mon bonheur de jeune homme et je me suis vengé! Ma sœur a déshonoré mon nom et elle a été punie... Mais cet enfant n'est point coupable, et je ne veux pas qu'il subisse un châtiment immérité.

Et comme le duc le regardait et l'écoutait avec avidité, il ajouta :

— Si j'étais encore riche, je ne m'adresserais point à vous. Mais je me suis ruiné au jeu et j'ai consacré les quatre mille livres de rente qui me restaient à assurer du pain à ma sœur. Voulez-vous me prendre pour intermédiaire auprès de votre fils. Vous me compterez cinquante mille livres tous les ans, et je pourvoirai à son éducation.

Le duc pria et supplia encore; il voulait vous revoir, il voulait voir son fils...

— Prenez garde ! dit le marquis, si vous refusez, vous n'entendrez jamais parler de moi...

Et le duc accepta, et c'est pour cela que votre fils, madame, votre Raymond est devenu un grand et beau jeune homme, bien élevé...

Jeanne l'aveugle écoutait toujours. Cependant ses lèvres s'entr'ouvraient et se refermaient avec hésitation.

Le major comprit qu'elle voulait et n'osait lui faire une question.

— Ah ! je devine, madame, dit-il. Vous voulez savoir si le duc...

— Oui, fit-elle d'un signe de tête.

— Hélas ! Il est mort, il y a deux ans, d'une attaque d'apoplexie, sans avoir eu le temps de faire son testament...

— Mon Dieu ! s'écria l'aveugle. Et mon fils ?..

— Votre fils est maintenant réduit à la misère..., et c'est pour cela que je suis venu...

— Mais qui donc êtes-vous ? demanda-t-elle une fois encore, vous qui savez tant de secrets ?

— Madame, répondit gravement le major, je vous ai trompée tout à l'heure, en vous disant que j'étais *au bal de Bordeaux*. Le hasard seul m'a fait le dépositaire des secrets dont vous parlez.

Votre frère, le marquis Gontran est mort aussi, et j'ai recueilli sa confession et son dernier soupir.

Votre frère était tombé dans la misère et l'abjection ; il avait été joueur et duelliste ; il devait mourir d'un coup d'épée au sortir d'un tripot.

Il a vécu deux heures encore après avoir été frappé ; et, dans ces deux heures, il a eu le temps de se repentir, et il m'a chargé de vous voir, de retrouver votre fils et de faire tous mes efforts pour lui reconquérir la fortune de son père.

Après avoir ainsi parlé, le major se leva :
— Adieu, madame ; au revoir plutôt, dit-il. Ce soir je vous amènerai votre fils...

. . . .

Deux heures après, le major Samuel entrait chez son protégé le baron de Vaufreland et lui disait :
— Allons ! mon bon ami, il s'agit maintenant de jouer ton rôle. Tu es au seuil de la fortune ; prends garde de faire un faux pas...

VIII

Tandis que l'aventurier, que nous connaissons à présent sous le nom de major Samuel, songeait à substituer au vrai Raymond un aventurier de son espèce, — le malheureux jeune homme que nous avons vu simultanément abandonné par son seul ami et la femme qu'il aimait, sortait, la tête lourde et le cœur défaillant de ce restaurant où il était entré la veille rempli d'illusions.

Cependant une pensée consolante se glissait au milieu de son désespoir :

— J'ai refusé de commettre une mauvaise action ! se disait-il en songeant aux infâmes propositions du major, qu'il avait repoussées avec indignation.

Et ce fut, la tête haute, que Raymond quitta la Maison-Dorée et remonta dans sa voiture.

Notre héros était ruiné, mais il avait voulu conserver les débris de son luxe jusqu'au dernier moment.

Ainsi, son hôtel du faubourg Saint-Honoré, vendu le matin précédent, lui appartenait jusqu'au lendemain soir. Il s'était réservé le temps nécessaire pour faire ses malles, vendre ses deux voitures et son dernier cheval de selle.

Le coupé dans lequel il monta longea au grand trot le boulevard, suivit la rue Royale, et fut obligé de prendre par les Champs-Élysées, car le faubourg Saint-Honoré était barré par les paveurs.

Comme Raymond atteignait le rond-point, le soleil glissa ses premiers rayons à la cime des arbres.

Raymond mit la tête à la portière, et se prit à considérer avec mélancolie cette splendide avenue des Champs-Élysées, qu'il avait parcourue tant de fois à cheval ou en voiture.

— Oh ! se dit-il tout à coup avec l'accent désespéré du mourant qui veut voir une dernière fois, avant de fermer les yeux pour toujours, les rayons du soleil, — oh ! je veux aller au *bois* une fois encore... Le *bois!* silencieuse retraite le matin, où ceux qui souffrent vont promener leurs douleurs...

Le *bois!* rendez-vous bruyant chaque soir, où le Paris de la fortune et de la joie se croise sans relâche...

Le *bois!* que ceux qui l'ont parcouru en tous sens, soit que mai rayonne avec son cortége de fleurs et de parfums, soit que décembre diamante de givre les arbres dépouillés, aiment d'un amour vrai et profond!...

Et Raymond rentra chez lui, dans cette maison qu'il allait quitter dans quelques heures, et il fit seller son cheval, le dernier qu'il aurait sans doute, et il s'en alla revoir une fois encore ces grandes allées silencieuses, ces beaux massifs d'arbres qui abritent tant de joies souvent, et consolent parfois de tant d'infortunes!...

Il les parcourut une à une au pas, au trot, au galop, savourant avec une âcre volupté cette volupté dernière de l'équitation que sa pauvreté lui interdisait désormais...

Et l'heure passait, le soleil montait à l'horizon, et, peu à peu, les allées désertes s'emplissaient de cavaliers...

Tout à coup, comme il se dirigeait vers la grande cascade par l'allée de Longchamp, il entendit derrière lui un galop rapide, des voix fraîches et sonores, un éclat de rire qui trahissait la jeunesse...

Et il s'arrêta.

Deux amazones, que suivait un domestique, passèrent au galop près de lui.

Elles étaient jeunes et belles toutes deux; mais Raymond ne vit que l'une d'elles...

C'était une éblouissante jeune fille montant le plus fier cheval arabe qui jamais eût foulé de son sabot non ferré le sol sablonneux du désert.

Et Raymond le désespéré regarda cette femme qui passa cependant auprès de lui comme un rêve, mais qui le regarda en passant, elle aussi...

Et ce regard qu'elle laissa tomber sur le jeune homme au front pâle eut le don de le troubler jusqu'au fond de l'âme, de le faire tressaillir et chanceler... On eût dit l'étoile polaire qui brille tout à coup dans la nuit sombre aux yeux du marin sans boussole, perdu sur une mer orageuse, et résigné d'avance à se faire un linceul de la première vague qui viendra l'arracher du pont de son navire démâté.

. . . .

Raymond était ce qu'on appelle aujourd'hui à Paris un homme de cheval aux Champs-Élysées, un gandin sur le boulevard.

Il valait mieux que le monde dans lequel il avait vécu ; il était fait pour des amours plus dignes que celui d'Antonia et de ses pareilles.

Homme de club et de plaisir, jusqu'à l'heure de sa ruine notre héros s'était toujours fort peu occupé des femmes du vrai monde.

Comme il n'avait jamais songé à se marier, il n'avait jamais entouré une jeune fille de ses hommages, ne s'était jamais demandé si l'amour vrai, l'amour chaste et pur n'était point la réalisation la plus complète de la volupté réelle.

Mais l'amazone avait laissé tomber un regard sur lui en passant, et ce regard avait été l'étincelle qui allume un vaste incendie.

Longtemps, immobile sur sa selle, il suivit des yeux la jeune fille, qui s'éloignait au galop et courait droit à la cascade.

Ce ne fut que lorsqu'elle eut disparu derrière les arbres que Raymond put se rendre un compte exact de la sensation qu'il venait d'éprouver.

Cette sensation, il se la traduisit par ces mots :

— Ah ! si j'avais aimé une femme comme celle-là !...

Ce regard bleu et charmant, pudique et curieux tout à la fois, avait été pour Raymond comme une révélation tout entière de l'âme de la jeune fille.

Et soudain, Raymond, toujours immobile, établit dans son esprit un parallèle entre cette belle inconnue et la femme qu'il avait aimée, entre cette jeune fille qui bien certainement appartenait au meilleur monde et Antonia la courtisane.

Il crut voir la première pénétrant, le soir, dans quelque vaste salon un peu triste du faubourg Saint-Germain.

Auprès du feu, un vieillard à qui elle allait tendre son front, tisonnait ou lisait son journal.

Autour d'une table, deux ou trois autres jeunes filles brodaient sous l'œil de leur mère.

Un jeune garçon de huit ans jouait dans un coin et, voyant entrer sa sœur aînée, il courait à elle les bras ouverts.

Et quand son imagination lui eut offert ce calme tableau, Raymond se souvint, et il revit Antonia.

Antonia, la fille paresseuse et sceptique, mordante

sans esprit, gaspilleuse sans besoin, gourmande sans appétit.

Antonia, pour laquelle quelques heures auparavant il aurait tout sacrifié, et qu'il vit tout à coup telle qu'elle était, égoïste et blasée.

Et Raymond eut un moment horreur de son ancien amour, et ce sentiment fut si puissant qu'il domina son désespoir et lui fit oublier sa ruine.

Pendant quelques secondes, Raymond se crut toujours riche, toujours élégant, pouvant prétendre à tout, même à la main d'une jeune fille de bonne maison.

— Il faut que je la revoie ! se dit-il.

Et il tourna son cheval.

Les gens qui vont au bois le matin arrivent d'ordinaire par l'avenue de l'Impératrice, et s'ils poussent leur promenade jusqu'à la grande cascade, c'est pour revenir ensuite par le lac, dont ils prennent le côté oriental.

Raymond ne douta point un seul instant que les deux amazones ne suivissent cet itinéraire.

Aussi mit-il son cheval au galop dans la direction du lac.

Une fois là, il alla se poster auprès du chalet de Frontin, fit tenir sa monture par un garçon et se glissa à travers les arbres, côtoyant la contre-allée réservée aux cavaliers, et allant ainsi à la rencontre des deux amazones, qui, d'après ses calculs, devaient faire le tour du lac en sens inverse.

Raymond ne se trompait qu'à moitié.

Les amazones avaient bien, en réalité, suivi l'itinéraire présumé. Seulement, arrivées à la hauteur du chalet des lacs, elles avaient trouvé une voiture découverte attelée d'un seul trotteur et conduite par un cocher en livrée du matin.

Alors toutes deux avaient mis pied à terre d'abord, puis elles étaient montées dans la voiture, laissant leurs chevaux au laquais qui les escortait.

La voiture passa rapide à dix pas de Raymond.

Cette fois la belle jeune fille ne le vit point, car il s'effaça du mieux qu'il put derrière un tronc d'arbre; — mais il la revit, lui, et son cœur battit plus fort encore.

La voiture qui ramenait les deux amazones à Paris était déjà loin que le laquais à cheval, occupé de prendre en main les deux autres chevaux, n'avait point encore quitté le chalet.

D'ailleurs, en vrai valet qui ne se refuse absolument rien, il avait appelé le garçon et lui avait demandé un verre de rhum.

Tandis qu'il le vidait d'un trait, Raymond arriva.

Un valet intelligent comprend les choses avant qu'on ait ouvert la bouche.

Celui-là reconnut Raymond pour le cavalier qu'il avait dépassé une demi-heure auparavant et il devina, en le voyant venir à sa rencontre, que c'était à lui qu'il en avait.

En effet, Raymond l'aborda.

Le jeune homme avait encore quelques louis dans sa poche.

Il en mit trois dans la main du laquais :

— Comment te nommes-tu? lui dit-il.

— Jean, monsieur.

— Tu es au service de ces dames?

Raymond désignait la calèche qui s'éloignait.
— Oui, monsieur.
— Alors...

Et Raymond attacha sur le valet un regard tentateur.

— Monsieur, répondit celui-ci, la jeune fille se nomme Blanche; elle a deux cent mille livres de rentes et est à marier.

— Mais son nom ?

— C'est la fille de la marquise de Guérigny. L'autre dame est sa gouvernante.

— Et, demanda Raymond d'une voix tremblante, où demeure-t-elle ?

— Rue de Babylone, 102, au coin du boulevard des Invalides. Si monsieur est riche et titré, il peut s'avancer... Il n'est encore question d'aucun mariage pour mademoiselle Blanche.

Ces derniers mots du laquais furent pour Raymond un coup de foudre.

Il venait de rêver, il se réveilla.

Raymond n'avait pas de nom, Raymond était ruiné.

Aussi poussa-t-il un soupir désespéré, tournant brusquement le dos au valet stupéfait.

— Je suis maudit ! murmura le jeune homme en s'éloignant.

Il retourna au chalet Frontin, remonta à cheval et s'élança au galop vers Paris, étreint par la vague pensée du suicide.

Il était près de neuf heures du matin lorsqu'il atteignit la rue Royale.

Le balcon de son club était garni d'une douzaine de jeunes gens qui fumaient et causaient.

— Hé! Raymond? lui cria-t-on.

Raymond leva la tête, salua et voulut passer outre.

Mais un des jeunes gens lui dit :

— Monte donc, tu vas voir un curieux spectacle.

Dans l'état d'accablement et de désespérance où était Raymond, il devait être sans volonté aucune.

On le priait de monter. Aller là ou ailleurs, que lui importait ?

Un domestique du cercle était venu tenir son cheval.

Le jeune homme mit pied à terre et gravit lentement l'escalier du club, se disant avec un amer sourire :

— Il paraît que Maxime n'est point encore venu annoncer ma ruine. S'il en était autrement, on se garderait bien de m'appeler.

En terminant cette réflexion, il franchit le seuil d'un fumoir où ces messieurs causaient avec animation.

— Bonjour, Raymond...

— Bonjour, cher...

Dirent plusieurs voix, tandis qu'on lui tendait la main.

— Comme tu es pâle, morbleu! s'écria un des jeunes gens.

Raymond tressaillit.

— J'ai passé la nuit, dit-il.

Puis, afin d'éviter toute autre question sur l'état d'agitation où il était :

— Mais quelle est donc cette chose curieuse que vous devez me montrer? dit-il.

— Ah! parbleu! répondit celui qui avait appelé Raymond du haut du balcon, c'est notre ami le baron Barinel, tu sais, le millionnaire fabuleux, qui est en train de se ruiner.

— Où donc?

— Là, dans le salon vert, à l'*écarté*.

— Contre qui joue-t-il?

— Contre un homme qui nous a dévalisés tous cette nuit.

— Et cet homme...

— C'est un attaché de l'ambassade portugaise, don Inigo.

— Ah! dit Raymond, je le connais; c'est un joueur heureux et un parfait galant homme.

— Sans nul doute; mais il a gagné plus de trois cent mille francs cette nuit, et voilà Barinel qui, après avoir vidé sa bourse et son portefeuille, commence à jouer sur parole. Quant à nous, nous y avons renoncé...

— Soyez tranquilles, messieurs, dit Raymond en souriant, le petit Barinel est trop riche pour se ruiner.

— Et, ajouta quelqu'un, il est prudent.

Raymond souleva la portière qui séparait le fumoir du salon vert.

Au milieu de cette pièce deux hommes étaient assis face à face.

L'un, don Inigo, — un homme au regard profond, au teint olivâtre, aux lèvres minces, — avait devant lui un monceau d'or et de billets de banque. Il avait le calme du Destin.

— Hé ! hé ! dit un membre du club, qui avait suivi Raymond, on dirait que la veine va tourner.

En effet, le baron Barinel avait marqué quatre points et don Inigo n'en avait que deux.

Le baron Barinel, fils d'un receveur général qui lui avait laissé une immense fortune, était un tout jeune homme blond et rose qui jouait avec un sang-froid merveilleux.

— Il serait temps, dit-il en se tournant vers Raymond et lui donnant la main, que la veine changeât.

— Perds-tu beaucoup ?

— Je joue dix mille francs en cinq points. Ceci est la dixième partie. Sur l'honneur, si je perds, je lève la séance.

— C'est peu probable : tu as quatre points.

Le baron *donnait*.

— Il serait adroit de tourner le roi, dit Raymond.

Mais le conseil ne fut point suivi, ou, du moins, Raymond fut un mauvais prophète.

Le baron prit trois sept, un neuf et un valet et donna quatre atouts à son adversaire.

Don Inigo abattit son jeu.

— Oh ! c'est trop fort ! s'écria le baron avec un accent d'humeur.

Mais il avait juré de se lever.

— Tant pis ! dit-il. Je n'en mourrai pas, après tout !...

Et il se leva, en effet.

— Vraiment, messieurs, murmura le Portugais avec une courtoisie parfaite, je suis honteux au dernier point de ce bonheur insolent.

— Comment donc ! fit un membre du club, il est dix heures du matin, et vous nous *tenez* depuis minuit. Vous avez bien le droit d'aller vous coucher, senor. On n'est pas plus beau joueur.

— Cependant, messieurs, répondit don Inigo, je suis toujours à vos ordres.

— Ah! pardieu! dit un des jeunes gens, lutter contre vous serait peine perdue. Il faudrait trouver des troupes fraîches pour vous battre.

— Hé! mais, dit un autre, les troupes fraîches sont trouvées.

— Où donc ?

— Voilà Raymond.

— Messieurs... balbutia Raymond.

— Allons! mets-toi là...

Et on le fit asseoir de force devant don Inigo.

Soudain une inspiration étrange traversa comme une hallucination le cerveau du malheureux jeune homme.

Ses yeux s'arrêtèrent sur le monceau d'or et de billets placé devant le Portugais, et en même temps l'image rayonnante de la jeune fille qu'il avait entrevue une heure auparavant se reproduisit dans son souvenir.

Que se passa-t-il alors dans son âme ?

Dieu seul le sait !

Mais Raymond ruiné tout à l'heure, Raymond désespéré, Raymond qui semblait abandonné, fut pris d'un immense espoir. L'homme qui songeait tout à l'heure à mourir éprouva un ardent besoin de vivre...

— Eh bien! soit, dit-il.

Et il fouilla dans ses poches d'une main convulsive.

Raymond avait juste quarante louis.

— Voilà tout ce que je possède, dit-il.

Et il disait vrai, — il ne lui restait pas vingt francs chez lui.

Il étala les quarante louis sur la table et, regardant le Portugais :

— Accepterez-vous mon modeste enjeu? fit-il.

— Comment donc! répondit don Inigo en s'inclinant.

— Tenez, monsieur, reprit Raymond continuant à obéir à cette inspiration bizarre qui s'était emparée de lui, je vais vous proposer une singulière partie...

— Quelle qu'elle soit, je l'accepte! dit le Portugais.

— Prenez garde !

Don Inigo sourit.

— Je vais jouer avec vous comme le *ponte* au *trente-et-quarante*.

— Expliquez-vous, monsieur.

— Vous êtes la banque, je suis le joueur.

— Bien.

— Si je gagne, je double mon enjeu avec mon gain.

— Je tiendrai.

— Et tant que je gagnerai, je doublerai.

— Monsieur, dit le Portugais en souriant, la partie est curieuse. Si vous *passez* dix fois de suite, tout cela est à vous.

Et il montrait son gain énorme.

— Je saute comme la banque de Hombourg; mais, ajouta-t-il en souriant, *passer* dix fois à l'*écarté* est chose rare.

— Bah ! dit un des jeunes gens qui avaient le plus perdu, cela s'est vu !...

— Et, fit un autre qui attacha sur Raymond un regard attentif, notre ami a dans l'œil quelque chose de terrible. Vous êtes Portugais, señor ; Raymond est Français. Prenez garde ! C'est une lutte de puissance à puissance.

— J'accepte la lutte !

— Hurrah pour la France ! dit-on.

Et on se groupa autour de Raymond avec un frémissement d'enthousiasme.

— Voici le vengeur, murmurèrent quelques voix.

Don Inigo était toujours calme, toujours impassible.

C'était à lui à donner ; il tourna le roi et fit la vole.

— Ah ! messieurs, dit une voix, notre enthousiasme sera de courte durée. Tu n'auras pas le temps de doubler ton enjeu, mon pauvre Raymond.

Raymond donna à son tour et don Inigo fit un point encore.

— Quatre à rien ! dit Raymond. Voilà une belle partie à gagner.

— Vous avez juste le temps ! dit le Portugais en tournant une carte.

C'était un sept.

— Je dois avoir le roi dans mon jeu, dit-il.

— Vous vous trompez, monsieur, répondit froidement Raymond.

Il abattit son jeu. Il avait quatre atouts par le roi.

Le cercle qui s'intéressait à Raymond reprit courage.

Raymond donna, tourna le roi et fit le point.

Il avait gagné !

Un murmure d'admiration courut comme un frémissement parmi la galerie.

— Il faut passer neuf fois encore, dit le Portugais toujours calme.

— J'en réponds, répliqua Raymond, dont le regard devint fiévreux.

Et il gagna une seconde partie, puis une troisième.

Don Inigo commença à pâlir.

— Monsieur, dit Raymond, il en est temps encore. Si vous doutez, renoncez à cette partie.

— Auriez-vous peur? fit le Portugais dont les lèvres blanchirent.

— Non certes ! s'écria Raymond.

Et, dès lors, il joua avec cette incroyable assurance, cette certitude de l'homme qui sent la veine, et au neuvième coup, le tas d'or et le monceau de billets étalés tout à l'heure devant don Inigo avaient passé devant lui.

Raymond avait gagné dix mille louis, c'est-à-dire deux cent mille francs.

— Monsieur, dit alors le Portugais dont le front était baigné de sueur, à mon tour, je vous proposerai d'en rester là.

— Ah! ah! ricana Raymond.

— Ne tentez pas la fortune! murmura le Portugais.

— Bon! fit Raymond, que la fièvre du jeu étreignait; maintenant, c'est vous qui avez peur !...

Le Portugais était devenu pâle de rage sous sa peau bistrée.

— Eh bien! dit-il, allons jusqu'au bout!... Je vois que mon or va me revenir.

Les dix ou douze jeunes gens qui entouraient Raymond gardaient un morne silence, étreints qu'ils étaient par une indicible émotion.

Mais Raymond avait un sang-froid terrible, un bonheur à faire pâlir un conquérant.

Il gagna la dixième partie en deux coups, et don Inigo se leva ivre de fureur, sans avoir marqué un seul point.

Un tonnerre de bravos éclata alors dans tout le club.

— Voilà, s'écria-t-on, la plus belle martingale qu'on ait jamais jouée !...

Raymond s'était levé à son tour et considérait son gain avec stupeur.

Il était entré au club vers neuf heures avec quarante louis qui constituaient sa fortune présente et à venir.

Onze heures sonnaient, et il avait devant lui un peu plus de quatre cent mille francs !...

Et cependant un remords terrible, un scrupule étrange s'emparèrent de lui.

— Monsieur, dit-il au Portugais, voulez-vous votre revanche ?

Mais don Inigo, s'il avait la passion et les colères du joueur, avait aussi les instincts délicats du gentilhomme :

— Non, monsieur, dit-il. Ce n'était point convenu.

Et il salua et sortit.

— Mon Dieu ! murmura Raymond en posant ses deux mains sur son front, est-ce que je ne fais pas un rêve ?

— Oui, lui dit une voix, un rêve d'or...

Et Raymond tressaillit, et de nouveau il se prit à songer à cette belle jeune fille un moment entrevue et qui, une heure auparavant, était si loin de lui!...

Et alors il étendit vers son gain une main fiévreuse...

Les amazones que nous avions vues descendre de cheval pour monter dans une voiture découverte avaient quitté le bois et gagné le faubourg Saint-Germain par les Champs-Élysées et les quais.

La jeune fille était à droite, sa gouvernante à gauche.

Mademoiselle Blanche de Guérigny pouvait avoir vingt ans.

Elle avait une adorable chevelure d'un blond fauve, de grands yeux d'un bleu sombre, un large front blanc comme l'ivoire et des lèvres roses faites tout exprès pour le plus gracieux et le plus mutin des sourires.

Blanche était de taille moyenne; elle avait des pieds et des mains d'enfant.

Élevée à l'anglaise, mademoiselle de Guérigny montait à cheval, faisait des armes, tirait au pistolet, suivait une chasse au galop.

Fille unique, elle avait perdu son père de bonne heure et n'avait au monde que sa mère, qui l'idolâtrait.

La gouvernante de mademoiselle de Guérigny était une femme encore jeune, encore belle, d'une distinction achevée et d'une naissance irréprochable.

Elle avait été du meilleur monde et elle était veuve d'un officier supérieur tué devant Sébastopol.

Elle se nommait madame de Bertaut et n'avait aucune fortune.

Blanche et madame de Bertaut vivaient sur un pied d'intimité parfaite. La jeune fille aimait sa gouvernante comme une sœur aînée, et celle-ci adorait Blanche comme son enfant.

La pauvre veuve et la jeune fille causaient en revenant rue de Babylone.

— Mon amie, disait Blanche, avez-vous remarqué ce jeune homme à cheval que nous avons dépassé dans la grande allée de la Cascade?

— A peine, répondit madame de Bertaut.

— Il avait quelque chose de triste et de fatal dans la physionomie et l'attitude.

— Vous êtes folle, ma petite Blanche, et je gage que déjà votre imagination romanesque...

— Ah! ma bonne amie, interrompit la jeune fille, je vous jure que si vous l'eussiez regardé...

— Bah! fit madame de Bertaut, il vous aura regardée...

— Eh bien?

— Et comme vous êtes fort belle...

La jeune fille rougit un peu.

— Ce n'est point là, cependant, dit-elle, ce qui aura pu le rendre pâle et triste, ce me semble. Je vous jure que ce jeune homme doit avoir un très-grand chagrin.

La gouvernante ne répondit pas.

— Tenez, mon amie, continua la jeune fille, vous savez si je suis entourée, adulée, poursuivie dans le monde.

Chaque hiver, depuis trois ans, je suis demandée en mariage à peu près tous les jours...

— C'est tout simple, ma chère petite. Vous êtes belle...

— Et puis, fit la jeune fille avec amertume, je suis riche, très-riche, surtout depuis la mort de mon oncle, et je ne sais jamais si c'est de moi ou de ma dot qu'on s'éprend.

— Madame de Bertaut eut le sourire de la femme revenue des illusions de ce monde.

— De vous et de la dot, dit-elle.

Blanche froissa avec impatience ses gants qu'elle avait retirés :

— Et voilà justement, dit-elle, pourquoi je ne veux pas me marier.

— Ah ! petite folle...

— Non, je resterai fille toute ma vie, plutôt que d'accorder ma main à un homme qui ne m'épouserait que pour ma fortune.

— Mais cependant, mon enfant, dit madame de Bertaut, il faudra bien vous marier un jour ou l'autre.

— Pourquoi ? Je me trouve fort heureuse ainsi, mon amie.

— Mais vous n'aurez pas toujours vingt ans. Et puis votre mère est souffrante, maladive...

Blanche devint rêveuse et ne répondit pas.

La calèche avait gagné le boulevard des Invalides et venait de s'arrêter au coin de la rue de Babylone.

L'hôtel de Guérigny était une vaste construction moderne bâtie entre cour et jardin.

Un suisse, en grande livrée, vint ouvrir la grille avec empressement. La calèche roula jusqu'au bas du perron.

— En ce moment aussi une fenêtre s'ouvrit, encadrant un visage de femme pâle et souffrant.

Mademoiselle Blanche de Guérigny sauta lestement à terre, gravit les dix marches du perron et entra dans l'hôtel.

Sur le seuil du grand salon, elle rencontra la femme au visage pâle qui avait ouvert la fenêtre.

— Bonjour, mère, dit la jeune fille en jetant ses deux bras au cou de la marquise. Comment as-tu passé la nuit?

— Assez bien, mon enfant, répliqua la marquise en entraînant la jeune fille vers une causeuse, sur laquelle elle s'assit auprès d'elle.

Madame la marquise de Guérigny était une femme d'environ quarante ans, grande, mince, très-pâle, et dont la démarche fatiguée, le regard mélancolique et toute la personne trahissaient une maladie incurable.

Madame de Guérigny était phthisique.

— Ma chère Blanche, lui dit-elle, j'attendais ton retour avec impatience.

— Ah! mère, tu sais bien que je reviens du bois à peu près à la même heure tous les jours.

— C'est vrai; mais, aujourd'hui, j'avais hâte de te voir...

Et la marquise caressa de la main les boucles cendrées de la chevelure de Blanche.

— Bonne mère ! fit la jeune fille en l'embrassant.

— Oui, reprit la marquise, j'avais hâte de te voir.

— Comme tu me dis cela, mère

— Nous avons à causer.

— Eh bien ! causons...

— Sérieusement, mon enfant.

— Mon Dieu !

— Blanche, mon enfant, le docteur Postel sort d'ici.

La jeune fille tressaillit.

— Le docteur est un grand médecin, mon enfant, et il se trompe rarement.

— Oh ! tais-toi ! fit la jeune fille effrayée, tais-toi, mère...

La marquise reprit :

— Je l'ai interrogé sur mon état, et je l'ai supplié de me dire la vérité ; et le docteur m'a répondu...

— Mon Dieu ! murmura Blanche, en pâlissant.

— Je ne suis point condamnée, mais je suis très-malade.

— Oh !

— Il est possible que je triomphe du mal, mais il est possible aussi que le mal soit le plus fort... Ne m'interromps pas... Et alors, mon enfant, si je viens à te manquer, si Dieu m'appelle un jour à lui, il faut que tu aies un protecteur, un soutien, un être qui t'aime comme je t'aimais...

— Ah ! mère, mère,... murmura Blanche de Guérigny, dont les yeux s'emplirent de larmes, mère, tais-toi ! tu me fais mourir...

NUITS.

— Sois forte, mon enfant, continua la marquise, et écoute-moi jusqu'au bout.

— Parle, mère.

— Je veux te marier, mon enfant.

Blanche se leva vivement et comme effrayée.

— Je veux, reprit sa mère, te trouver un mari affectueux, loyal et bon, un homme du monde, un homme de cœur, qui passe sa vie à tes genoux et te rende la plus heureuse des femmes.

— Un homme qui m'épousera pour ma dot, fit la jeune fille d'un ton de tristesse ironique.

— Tu es folle ! Tous les hommes, mon enfant, ne se livrent point à de honteux et bas calculs.

— Oh ! comment le savoir ?

— Écoute, dit encore la marquise. Je connais un jeune homme charmant et distingué, presque aussi riche que toi, et qui, j'en suis certaine, t'aimerait ardemment.

Blanche étouffa un léger cri.

— Dirais-tu vrai, mère ?

Et puis il lui passa par la tête une idée étrange et folle. Elle se souvint de ce jeune homme pâle et désespéré qu'elle avait entrevu le matin.

— Et ce jeune homme, où est-il ? demanda-t-elle.

— En province.

Blanche courba tristement la tête.

— Ah ! fit-elle.

— Il est même ton parent éloigné, reprit la marquise.

— Mais qui donc, alors ?

— Tu ne l'as jamais vu. Mais je le connais, moi ; il est charmant...

Blanche se tut.

— Mon enfant, continua madame de Guérigny, nous touchons à la fin d'avril, c'est le moment où nous quittons Paris.

— Allons-nous à Vichy cette année? demanda Blanche, qui espérait détourner la conversation.

— Non, mon enfant.

— Et où allons-nous donc?

— Passer un mois chez la baronne de Saunières, ma cousine au second degré, et la mère du jeune homme dont je te parle. Nous partons ce soir.

— Mais, ma mère...

La marquise prit dans ses deux mains la blonde tête de la jeune fille :

— Tu sais bien, ma chère Blanche, lui dit-elle, que je n'ai qu'un but, qu'une préoccupation en ce monde, ton bonheur. Si Raoul de Saunières n'est point l'homme que j'ai rêvé, ou que, peut-être, ajouta-t-elle en souriant, tu as rêvé toi-même..., eh bien ! il n'en sera plus question.

— Mais si nous allons chez sa mère...

— Sa mère pas plus que lui ne sait un mot de mes projets.

— Ah! c'est différent. Et tu veux partir ce soir?

— Oui, à moins que tu n'aies un motif sérieux à m'objecter.

— Non, murmura Blanche, qui se reprit à songer au beau cavalier du matin.

— La marquise ajouta :

La terre de madame de Saunières est située en Bourgogne, sur les confins du Nivernais, dans un pays pittoresque appelé le Morvan. C'est là que nous allons.

— Soit! dit Blanche.

Puis, comme si elle eût craint que sa mère ne lût au fond de sa pensée, elle se leva et dit :

— Puisqu'il en est ainsi, je vais aller faire mes préparatifs de départ. Au revoir, mère...

Et elle sortit du salon et monta dans sa chambre.

Mais, une fois chez elle, Blanche de Guérigny appuya sa tête dans ses deux mains et se dit :

— C'est étrange! jamais je n'ai éprouvé ce que j'éprouve aujourd'hui... Mon Dieu! mon Dieu!...

Celui qui aurait surpris en ce moment la jeune fille dans cet état d'isolement aurait vu peut-être une larme couler silencieuse à travers ses doigts roses dont elle couvrait son visage. . . . .
. . . .

Cependant, comme midi sonnait, le même jour, un élégant jeune homme descendait de voiture à la porte du restaurant de la Maison Dorée, dans la rue Laffite.

C'était le même personnage que le major Samuel appelait le petit baron et qui répondait dans le monde au nom de baron de Vaufreland.

— Monsieur le baron, lui dit un des garçons de l'établissement en le saluant avec une respectueuse familiarité, on vous attend là-haut.

— Le major sans doute?
— Oui, monsieur le baron.
— Où est-il ?
— Cabinet numéro 3.

Le petit baron grimpa lestement l'escalier et, en habitué de l'établissement qu'il était, il alla frapper sans hésitation à la porte du cabinet numéro 3.

— Entrez ! dit une voix au dedans.

Le major Samuel déjeunait fort paisiblement d'un rumpsteack et d'une bouteille de vieux médoc, le tout précédé d'une douzaine d'huîtres d'Ostende et de quelques crevettes rouges.

— Ah ! te voilà, cher ami, dit-il en voyant entrer le petit baron, tu es exact comme un chronomètre. As-tu dormi, au moins ?

— Pas du tout. Vous m'avez dit de si étranges choses, ce matin.

— Étranges, mais vraies...

— Cependant je vous avoue que le doute me tient encore...

— C'est parce que tu es à jeun. La faim rend incrédule. Mets-toi là et déjeune...

— Et quand j'aurai déjeuné...

— Tu croiras.

— Bah !

— Ou, si tu doutes, tu ne douteras plus bien longtemps.

— Comment cela ?

— Car, dit le major avec un sourire mystérieux, vingt minutes après tu seras dans les bras de ta mère.

— Comment ! c'est... tout de suite...

— Le temps de déjeuner et nous partons; à table, baron.

M. de Vaufreland s'assit en face du major et déplia sa serviette.

Le major continua :

— Ta mère est aveugle, je te l'ai dit. Toi, tu te nommes Raymond...

— Et je me souviens du vieux château de Bretagne.

— C'est cela même. En route, je te ferai une description topographique du lieu, et je te dirai comment tu as été enlevé à ta mère.

— Très-bien.

Le major et le petit baron déjeunèrent à la hâte, avalèrent une tasse de café et allumèrent un cigare.

— Viens, dit alors le major en se levant le premier.

Tous deux descendirent, se tenant par le bras.

M. de Vaufreland avait gardé sa voiture.

C'était un petit coupé bas attelé d'un joli trotteur, — une vraie voiture de fils de famille.

— Renvoie donc ton coupé, dit le major au baron.

— Pourquoi?

— Parce que tu es ruiné.

— Hein?

— C'est-à-dire que ta mère te croit dans la misère.

— Mais...

— Et qu'il faut que cela soit ainsi.

— Ah ça! mais nous allons donc à pied?

— Non, nous allons prendre un fiacre.

Et le major appela une voiture de remise qui longeait au pas le boulevard.

— Où allons-nous, bourgeois ? demanda le cocher.

— Avenue de Neuilly, 95, répondit le major en prenant le bulletin numéroté.

. . . .

Cependant, après le départ du major, Jeanne l'aveugle était demeurée seule, en proie à une sorte de prostration morale.

Avait-elle bien entendu ? Ou bien était-elle le jouet d'un rêve ?...

Longtemps elle demeura plongée dans son fauteuil, la tête dans ses mains et comme paralysée.

Puis ses nerfs crispés se détendirent, son cœur gonflé se serra, ses larmes coulèrent, et elle tomba à genoux, murmurant d'une voix brisée :

— Mon fils ! mon fils !...

Et les heures passèrent, et son unique servante n'osa point troubler ce recueillement et cette douleur.

Tout à coup l'oreille exercée de la pauvre aveugle fut frappée par un bruit lointain, celui d'une voiture qui s'arrêtait à la porte de la petite maison.

Puis elle entendit retentir la sonnette qui annonçait l'arrivée d'un visiteur...

Et alors son cœur se prit à battre violemment.

— Puis encore, des pas d'hommes retentirent dans le vestibule.

Alors l'aveugle se leva, et presque en même temps une porte s'ouvrit...

Un jeune homme derrière lequel marchait le major Samuel s'élança vers Jeanne l'aveugle en s'écriant :

— Ma mère! ma mère!

XI

Nous avons laissé notre héros Raymond au club de la rue Royale, où il venait de faire une si prodigieuse fortune en quelques coups de cartes.

Malgré les bravos de la galerie, malgré le départ de don Inigo, qui avait si noblement refusé sa revanche, Raymond demeura longtemps dans l'attitude d'un homme qui vient de commettre une mauvaise action.

Il avait étendu vers son gain une main fiévreuse, et sur le point de toucher à cet or qui était le fruit du jeu, il avait hésité.

On eût dit que ce monceau de billets de banque et de napoléons était un brasier ardent qui lui devait brûler cruellement les doigts.

L'hésitation de Raymond fut si longue que plusieurs des joueurs avaient déjà déserté le salon vert avant qu'il n'eût songé à empocher son gain.

Enfin un jeune homme, un de ceux qui s'étaient le plus intéressés à sa partie, lui mit la main sur l'épaule. C'était celui-là même qui l'avait appelé tout à l'heure du haut du balcon.

— Ah ça, lui dit-il, dors-tu, mon bon ami?

Raymond tressaillit et le regarda.

C'était un grand garçon de trente-deux ans, au front large et intelligent, aux lèvres épaisses, au bon sourire.

Il se nommait Olivier de Kermarieuc, et ce nom nous dispense d'ajouter qu'il était Breton.

Olivier plaça donc sa main un peu large sur l'épaule de Raymond :

— Si tu ne dors pas, continua-t-il, tu éprouves une telle émotion que c'est exactement la même chose.

— J'en conviens, dit Raymond.

— Cet argent est à toi. Prends-le...

— C'est l'argent du jeu.

— Peu importe ! c'est le tien, puisque tu as gagné...

Et comme Raymond hésitait toujours :

— Si don Inigo avait gagné, poursuivit Olivier de Kermarieuc, il eût empoché tes quarante louis sans scrupule.

— Mais quarante louis, dit Raymond, n'équivalent pas à quatre cent mille francs.

— Pour toi, c'est la même chose.

— Hein ?

Et Raymond leva sur Olivier un regard tremblant.

Olivier se pencha à son oreille :

— Prends ton argent, dit-il, et viens avec moi, j'ai à te parler.

Puis, comme Raymond ne se hâtait point de s'emparer de son gain, Olivier prit son chapeau et y poussa l'or et les billets, disant d'un ton enjoué :

— Messieurs, je suis le trésorier de Raymond. Nous allons chez moi. Si quelqu'un désire nous assassiner, il peut nous suivre.

Et il entraîna Raymond.

Olivier avait son coupé à la porte du club, il y fit

NUITS.   9

monter Raymond qui marchait en chancelant, et dit à son cocher :

— Rue de la Victoire !

— Ah ! dit enfin Raymond, tu as... à... me... parler ?...

— Oui.

— A propos de quoi ?

— Attends... Chez moi, tout à l'heure.

Olivier de Kermarieuc demeurait rue de la Victoire, où il habitait un joli appartement de garçon, élégant et simple, situé à l'entresol d'une belle maison.

Il introduisit Raymond dans son cabinet de travail où flambait un reste de feu, l'installa dans un bon fauteuil, lui offrit un cigare, puis se plaça en face de lui, à califourchon sur un de ces sièges que l'argot moderne du monde élégant appelle *fumeuses*.

— A présent, dit-il, nous pouvons causer.

— Soit, dit Raymond, de plus en plus étonné.

Olivier continua :

— Ne t'ai-je pas dit tout à l'heure que tes quarante louis équivalaient pour toi aux quatre cent mille francs du Portugais don Inigo ?

— Oui..., en effet...

— Eh bien ! c'est que je savais que ces quarante louis étaient, il y a une heure, tout ce que tu possédais.

Raymond fit un soubresaut dans son fauteuil.

— Mon cher Raymond, reprit Olivier, le jour où vient le malheur, l'homme fait une singulière étude. Il s'aperçoit que ses meilleurs amis lui tournent le dos...

— C'est vrai.

— Tandis que ceux sur lesquels il n'avait jamais compté viennent à lui.

Raymond tressaillit de nouveau.

— Nous étions peu liés, reprit le Breton, nous n'étions même que de simples connaissances de sport, et cependant, depuis quelques heures, une sympathie irrésistible me poussait vers toi. Tiens, ce matin, quand je t'ai vu passer à cheval sous les fenêtres du club, sais-tu pourquoi je t'ai appelé?...

— Comment le saurais-je?

— C'était pour te prendre à part et te dire : « Mon cher Raymond, je suis Breton, donc je n'ai qu'une fortune ordinaire; mais je mets à ton service mon amitié d'abord, ma bourse ensuite. »

Raymond tendit vivement la main à Olivier qui la prit et la serra, continuant :

— Puis, tandis que tu montais l'escalier, il m'est venu l'inspiration la plus bizarre du monde, celle de te mettre face à face avec ce joueur heureux, avec cet insolent favori de la fortune qui nous avait humiliés de sa veine durant toute la nuit, et, tu le vois, j'ai réussi.

— Mais, interrompit Raymond, comment savais-tu donc?...

— Que tu étais ruiné?

— Oui.

— J'ai rencontré cette nuit ton cher ami Maxime entrant au café Anglais avec ta maîtresse Antonia...

— Ah ! dit tristement Raymond.

— Ils se juraient un amour éternel, acheva tristement Olivier, et ils ont eu le cynisme de me conter leur aventure avec toi. Alors, mon bon ami, poursuivit le Breton, j'ai résolu d'aller à toi et de te dire : Il ne faut désespérer ni du présent, ni de l'avenir ; la vie est une grande route semée de relais ; l'ami qu'on quitte fait place à l'ami qu'on trouve plus tard, l'amour qui se brise laisse le champ libre à un amour nouveau.

— C'est vrai, murmura Raymond.

— Ah! fit Olivier, le regardant avec curiosité.

— Oui, reprit Raymond, car depuis deux heures je ne sais quelle révolution étrange s'est opérée en moi.

— Tu hais Antonia?

— Je fais mieux, je la méprise!...

— Et?...

— Et..., soupira Raymond, je crois que, déjà...

Il se tut et rougit.

Olivier lui prit les deux mains.

— Bah! dit-il, le vin nouveau est souvent meilleur que l'ancien. Je suis un ami de fraîche date, mais tu verras que je suis un ami solide.

Il y avait tant de noble franchise et d'expansion dans les paroles du Breton que Raymond n'hésita point.

Il raconta à son nouvel ami son aventure du matin.

— Comment! s'écria Olivier, lorsque Raymond prononça le nom de l'amazone, c'est mademoiselle de Guérigny?

— Tu la connais? fit Raymond pâlissant.

— Je l'ai rencontrée dans le monde, l'hiver dernier. Je sais qu'elle est fort riche, fille unique, enfant gâtée et maîtresse absolue de ses actions.

— Que veux-tu dire?

— Qu'elle épousera l'homme qu'elle aimera. Tu est jeune et beau, fais-toi aimer...

— O mon Dieu! fit Raymond tout frémissant d'émotion.

Et il couvrit son visage de ses deux mains.

— Attends donc, reprit Olivier : j'ai rencontré la marquise de Guérigny et sa fille chez une de mes tantes, madame de L..., qui reçoit tous les mardis. N'est-ce point mardi aujourd'hui ?

— Oui.

— Eh bien! je te présenterai ce soir chez ma tante.

Le cœur de Raymond battit violemment.

— Mais, mon ami, dit-il, tu oublies...

— Quoi ?

— Que mademoiselle de Guérigny est riche.

— Sans doute.

— Et que... je suis... pauvre.

— Mais non, tu as là...

Et Olivier montrait le chapeau plein d'or et de billets.

— Fi! dit Raymond qui se révolta, l'argent du jeu!...

Olivier sourit.

— Ton indignation me plaît, dit-il; mais je vais rassurer ta conscience... Écoute-moi.

— Voyons.

— Quel âge as-tu?

— Trente ans.

— C'est l'âge où on fait fortune. Donne-moi tes quatre cent mille francs; je les mettrai dans l'industrie et je te gagnerai un million.

— Et alors?...

— Alors, chaque année, tu verseras dans le tronc des pauvres vingt ou trente mille francs, jusqu'à ce que tu aies rendu à la charité cette mise de fonds que le jeu t'a prêtée.

Le front assombri de Raymond se rasséréna.

— J'accepte, dit-il.

— Eh bien ! alors, occupons-nous de ton amour. Mais d'abord, ajouta Olivier, ne perdons point de vue le terre-à-terre de la vie. Sais-tu qu'il est midi ? Je meurs de faim, déjeunons !

Et il sonna.

XII

M. Olivier de Kermarieuc n'était pas Breton impunément. Nous voulons dire qu'il avait une bonne dose d'entêtement.

Le matin, il s'était promis d'être l'ami de Raymond. Dès lors, les événements les plus extraordinaires et les plus terribles n'auraient pu le faire changer de résolution.

Une fois l'ami de Raymond, Olivier songea à remplir sa tâche en conscience.

Raymond était amoureux, Olivier devait servir l'amour de Raymond avec toute l'énergie dont un Breton est capable.

Quand les deux jeunes gens eurent déjeuné, Olivier dit à Raymond :

— Passe dans mon fumoir, prends un livre et un cigare, et attends-moi.

— Où vas-tu ?

— Chez madame de L..., ma tante. Je serai de retour dans une heure. Il faut que j'annonce ta visite.

Olivier monta en voiture et se fit conduire chez madame de L..., qui demeurait rue Vanneau.

Madame de L... était une veuve entre deux âges, riche de cent mille livres de rente, qui recevait beaucoup de monde chaque mardi, passait pour songer à se remarier et était fort entourée.

Elle était en train de dépouiller une correspondance assez volumineuse lorsque son neveu Olivier pénétra dans son boudoir.

— Bonjour, mon enfant, lui dit-elle; comment vas-tu aujourd'hui ? Viens-tu me demander à dîner ?

— Non, ma tante, pas précisément, je viens vous demander la permission de vous présenter un de mes amis.

— Fort bien.

— Qui est amoureux...

— Ah! fit la veuve d'un air curieux, pourvu que ce ne soit pas de moi.

— Non, ma tante, il ne vous a jamais vue.

— C'est une raison, dit la veuve en riant. Et de qui est-il amoureux?

— D'une jeune fille qui vient chez vous chaque mardi.

— Son nom ?

— Mademoiselle de Guérigny.

— Eh bien! mon pauvre ami, dit madame de L... ton ami est le plus malheureux des hommes.

— Pourquoi? fit Olivier pâlissant.

— Parce que mademoiselle de Guérigny ne viendra point chez moi ce soir.

— Ah !

La veuve prit une des lettres qu'elle venait de décacheter et la tendit à Olivier.

Olivier prit la lettre et lut :

« Ma chère baronne,

« Vous m'excuserez pour ce soir, n'est-ce pas ? quand vous saurez qu'à l'heure même où vous ouvrirez votre salon à vos invités, nous roulerons, ma fille et moi, en train express sur la ligne de Bourgogne.

« Nous allons passer quelques jours chez ma cousine madame de Saunières, au château de l'Orgerelle en Morvan.

« Mille amitiés toujours,

« Marquise DE GUÉRIGNY. »

Olivier froissa la lettre avec une colère toute bretonne.

— Oh ! oh ! dit la veuve, je croirais volontiers que c'est toi qui es amoureux de mademoiselle de Guérigny.

— Non, ma tante, c'est mon ami ; mais, pour moi, c'est absolument la même chose. J'aime mon ami comme moi-même. Connaissez-vous la baronne de Saunières dont madame de Guérigny parle dans sa lettre ?

— Non.

— Savez-vous au moins dans quelle partie du Morvan elle a son château ?

— Pas davantage. Mais, dit madame de L..., est-ce que ton ami serait homme à suivre ces dames ?

— Nous les suivrons.

— Hein ?

— J'accompagnerai mon ami.

— Mais tu es fou!

— Nullement. Adieu, ma tante. Ne comptez pas sur moi ce soir.

Et Olivier prit son chapeau.

— Mais, écervelé que tu es! fit madame de L... en le retenant, tu me diras au moins...

— Quoi?

— Comment est ton ami?

— C'est un fort joli garçon, très-distingué.

— Est-il riche?

— Non, il a une vingtaine de mille francs de rente.

— Mais, malheureux, dit madame de L..., mademoiselle de Guérigny a plusieurs millions de dot.

— Eh bien! qu'importe?

— Porte-t-il un beau nom?

— Il s'appelle Raymond.

— Raymond de quoi?...

— Raymond tout court.

La veuve haussa les épaules et se demanda si son neveu Olivier n'était pas devenu fou.

Mais Olivier était déjà loin.

— Allons! mon ami, dit-il en arrivant tout essoufflé chez lui où il avait laissé Raymond, fais tes malles.

— Plaît-il?

— Nous partons.

— Hein?

— Ce soir, par l'express.

— Où allons-nous?

— Je n'en sais rien. Mais nous les suivons.

— Qui?

— La marquise et sa fille.

— Comment! s'écria Raymond, elles ont quitté Paris ?

— Elles partent ce soir. Mais, sois tranquille, je ne suis pas Breton pour rien, acheva Olivier plein de résolution et d'entrain.

. . . .

XIII

A quatre jours de distance, par une belle soirée un peu froide, deux jeunes gens couraient en tilbury sur une route de traverse, au milieu de ces grands bois qui couvrent la sauvage et pittoresque contrée appelé le Morvan.

La nuit était claire, la lune brillait au ciel.

Ces deux jeunes gens, on le devine, n'étaient autres que Raymond et son ami Olivier.

Ils se rendaient chez un ami commun, M. Charles Vulpin, sportman distingué, membre du club de ces messieurs et qui avait un pied-à-terre de chasse en pleine forêt morvandelle.

Nos deux voyageurs s'étaient rendus à Auxerre en chemin de fer, puis d'Auxerre à Clamecy en voiture.

Là seulement, ils avaient appris que le château de l'Orgerelle, habité par madame de Saunières et où devaient se trouver la marquise de Guérigny et sa fille, était situé à cinq lieues de Clamecy sur la route d'Avallon à Château-Chinon, et en même temps à deux lieues environ de l'habitation de M. Vulpin.

Raymond et Olivier avaient pris un tilbury à Clamecy vers dix heures du matin, et depuis lors ils couraient au grand trot d'un de ces merveilleux petits chevaux du Nivernais qui font des prodiges de vitesse et auxquels on a donné le nom de *charbonniers*.

Depuis deux heures environ, la route que nos voyageurs parcouraient était encaissée dans la forêt.

Mais tout à coup elle fit un brusque détour, l'horizon s'élargit et un paysage charmant se déroula, aux molles clartés de la lune, devant les yeux éblouis de Raymond et d'Olivier.

A la forêt succédait une jolie vallée au milieu de laquelle resplendissait un étang.

Au bord de l'étang, entouré d'un massif de grands arbres, se dressait un coquet castel en briques rouges dont les tourelles pointues étaient couvertes d'ardoises.

Olivier et Raymond s'arrêtèrent un moment.

— Tiens ! dit ce dernier, regarde !

Et il étendait la main vers l'étang.

Une petite barque allongée, mignonne, glissait à la surface de l'eau, se dirigeant vers le castel.

Dans la barque, deux femmes étaient assises à l'arrière.

Un batelier, en manches de chemise, tenait les avirons.

En dépit de la clarté de la lune, les passagères étaient trop loin pour qu'on pût distinguer leurs traits ; mais un frais éclat de rire de femme qui trahissait la jeunesse, traversa la nuit silencieuse, et Raymond sentit tout son sang remonter à son cœur.

— Mon Dieu! murmura-t-il, si c'était elle!

Un bruit de grelots se fit entendre sur la route. Une charrette tentée venait à la rencontre du tilbury.

— Hé! l'ami? dit Olivier en croisant le charretier.

Celui-ci s'arrêta et ôta son bonnet bleu et blanc.

— Sommes-nous encore bien loin de Montdidier?

— Un quart de lieue à peine, messieurs.

— Êtes-vous du pays?

— Pour vous servir.

— Alors vous connaissez la maison de campagne de M. Vulpin?

— Certainement, répondit le charretier. Si votre cheval marche bien, vous pouvez y aller en vingt-cinq minutes. C'est la première maison blanche, à gauche de la route, que vous trouverez un rentrant dans la forêt, après avoir traversé le village.

— Merci bien!... Et ce château qui est là-bas derrière nous?

— Au bord d'un étang?

— Oui.

— Ça, dit le charretier, c'est l'Orgerelle, le château de madame de Saunières.

Raymond eut un battement de cœur.

— Tu vois, dit-il à Olivier.

Les deux jeunes gens souhaitèrent le bonsoir au roulier et continuèrent leur chemin.

Une demi-heure après, ils arrivaient à la grille de la maison de M. Vulpin.

C'était un petit cottage au milieu des bois, un

vrai pied-à-terre de chasse, bâti en briques rouges.

M. Vulpin, chasseur enragé, y passait une partie de l'automne, et souvent il y revenait au printemps.

En Morvan, on chasse à peu près toute l'année, grâce à une loi récente qui autorise la destruction des bêtes fauves et du lapin.

Olivier, qui n'avait pas vu M. Vulpin à Paris depuis quelques semaines, en avait conclu qu'il devait se trouver à *Bois-Lambert*. C'était le nom de sa propriété morvandelle.

Cependant, lorsqu'il fut devant la grille, Olivier remarqua, non sans inquiétude, que toutes les fenêtres de l'habitation étaient closes.

Une seule, au rez-de-chaussée, laissait filtrer un jet de lumière à travers ses persiennes.

Olivier sonna. Une porte s'ouvrit et un domestique accourut.

— M. Vulpin? demanda Olivier.

— Monsieur est à Paris, répondit le valet.

— C'est impossible!

— Monsieur est parti ce matin. Mais, ajouta le valet, si je ne me trompe, c'est monsieur de Kermarieuc.

— Ah! c'est toi, Joseph?

— Oui, monsieur.

— Alors, ouvre-nous, et donne-nous un lit et un souper.

Le valet s'empressa de prendre le cheval par la bride et de faire entrer le tilbury dans la petite cour.

Puis il appela la femme du jardinier, qui, avec son mari et lui, composaient tout le domestique de la maison, et il lui donna des ordres à la hâte.

Olivier et Raymond furent introduits dans la salle à manger, et là ils se regardèrent avec un certain désappointement.

— Bah ! fit enfin Olivier, Vulpin nous eût été fort utile, car il doit connaître tout le monde dans les environs ; mais nous nous passerons de lui.

— Cependant, observa Raymond, on ne peut pas demeurer ici indéfiniment en son absence.

— Je m'arrangerai pour cela.

Et comme Joseph s'empressait de dresser la table dans la salle à manger, en s'excusant du mauvais souper que ces messieurs allaient faire, Olivier lui dit :

— Est-ce que ton maître est absent pour longtemps ?

— Monsieur reviendra dans huit jours.

— Eh bien ! nous l'attendrons...

Ces paroles d'Olivier étonnèrent le valet ; mais il ne dit mot et continua à mettre le couvert.

Quelques minutes après, Raymond et son nouvel ami étaient à table.

Alors Olivier regarda le valet d'un air d'intelligence et lui dit :

— Es-tu discret ?

— Mais, dame ! monsieur...

— Nous venons ici pour une affaire assez importante, poursuivit Olivier. Or, tu sais que je suis l'ami de ton maître.

— Oui, monsieur.

— Par conséquent, tu peux me servir.

Joseph s'inclina.

— Je paie bien, acheva Olivier.

— Je suis aux ordres de monsieur.

Et le valet se rapprocha et parut attendre une confidence.

— Sais-tu à qui appartient le château de l'Orgerelle?

— A madame la baronne de Saunières.

— Ton maître la connaît-il?

— Oui, monsieur. Il chasse même souvent avec son fils.

A ces derniers mots, Raymond tressaillit.

— Ah! dit Olivier, il y a un fils.

— Oui, monsieur.

— Quel âge a-t-il?

— Vingt-huit ou trente ans.

— Est-il marié?

— Non, monsieur.

— Diable! murmura Olivier en fronçant le sourcil, aurions-nous un rival?

Puis il ajouta :

— M. Vulpin a-t-il laissé des chevaux ici?

— Oui, monsieur, ses deux chevaux de chasse.

— Très-bien! Nous les monterons demain, et, fit Olivier, nous irons pousser une reconnaissance vers l'Orgerelle.

Raymond et Olivier achevèrent tranquillement leur souper, puis Joseph les conduisit dans l'appartement que M. Vulpin réservait à ses amis, une chambre à deux lits qu'on appelait à Bois-Lambert la chambre des chasseurs.

— Mon bon ami, dit alors Olivier, je sais bien que les amoureux ne dorment pas dans les romans; mais, dans la vie réelle, c'est bien autre chose.

— Tu crois?

— Parbleu ! et je suis bien certain que tu vas dormir. Moi, je suis brisé.

Et Olivier se mit au lit et ne tarda point à s'endormir.

Raymond songea longtemps à la belle mademoiselle de Guérigny, — mais il finit par s'endormir, lui aussi, et le soleil levant pénétrait à flots dans la chambre, quand il s'éveilla.

XIV

Olivier était déjà levé, habillé et coiffé d'une casquette ronde à longue visière, comme on en porte à la chasse.

— Allons, mon ami, debout, debout ! dit-il à Raymond, nous partons.

— Mais... où allons-nous ?

— A la découverte.

— Plaît-il ?

— Je t'ai laissé dormir à ton aise, poursuivit Olivier, et, pendant ce temps, je me suis mis en quête, j'ai pris des renseignements.

— Ah !

— Je suis au courant de bien des choses.

— Vraiment !

— Mademoiselle de Guérigny et sa mère sont à l'Orgerelle depuis deux jours. Il y a des projets secrets entre la baronne de Saunières et la marquise de Guérigny.

— Que veux-tu dire ?

Et Raymond frissonna.

— Mais nous allons nous jeter bravement à la traverse.

— Olivier !...

— Bah ! je m'expliquerai plus tard. A présent, songeons à partir.

— Mais enfin je ne suppose pas, dit Raymond inquiet, que tu me veuilles présenter au château de l'Orgerelle ?

— Non, pas aujourd'hui, du moins.

— Alors...

— Mais nous rencontrerons probablement ces dames et, qui sait ? peut-être ferons-nous connaissance ?

— Je ne comprends plus...

— Tu vas voir. Ah ! d'abord je te dirai que j'ai mis Joseph dans nos confidences.

— Imprudent !

Olivier haussa les épaules !

— Joseph est un garçon d'esprit... et il aime les gros gages. Je lui ai promis cent louis pour le jour où tu épouseras...

— Ah ! tais-toi, murmura Raymond, les fausses espérances font trop de mal...

— Je reprends. Nous montons à cheval, et, le couteau de chasse au flanc, la trompe sur l'épaule, le fusil au talon de la selle, nous allons courre un chevreuil.

— Où cela ?

— Dans les bois de mon ami Vulpin.

Joseph est déjà parti avec l'équipage qui se compose de huit beaux chiens de Vendée. Il m'a parfaitement indiqué le chemin du rendez-vous. C'est à une lieue d'ici, du côté du château de l'Orgerelle.

— Ah !

— Précisément le jeune baron de Saunières chasse aujourd'hui. Ses bois et ceux de Vulpin se touchent.

— Bien. Mais...

— Et tu penses bien qu'une lionne comme mademoiselle de Guérigny ne manquera point de suivre la chasse. Nous aurons du malheur si nous ne la rencontrons pas.

Tandis qu'Olivier parlait, Raymond s'était habillé et avait revêtu un costume de chasse emprunté à la garde-robe de M. Vulpin.

Les deux amis montèrent à cheval à huit heures précises et prirent au petit galop le chemin indiqué par Joseph.

Le valet de M. Vulpin, un véritable Frontin, un laquais intelligent et rusé s'il en fut, né pour l'intrigue et s'intéressant aux amours de ceux qu'il servait, comme il se fût intéressé aux siennes, — Joseph, disons-nous, avait indiqué pour rendez-vous à Olivier un petit carrefour, au milieu de la forêt, dans lequel débouchait la grande ligne qui la coupait dans toute sa longueur.

C'était là qu'il attendait avec ses chiens couplés.

Quand les deux jeunes gens arrivèrent, Joseph mit un doigt sur ses lèvres :

— Chut ! dit-il, écoutez.

Et il étendait la main gauche vers l'ouest.

Un bruit lointain, confus, une vague rumeur se faisait entendre.

— Qu'est-ce que cela ? demanda Olivier.

— C'est la meute de M. de Saunières.

— Déjà !

— Oh! monsieur, répondit Joseph, le baron est matinal maintenant. Écoutez bien ce que je vais vous dire.

— Voyons ! fit Olivier.

— C'est un sanglier que le baron court. On ne peut pas s'y tromper. Écoutez..., la meute se rapproche.

En effet, les aboiements devenaient plus distincts.

Joseph continua :

— Nous allons découpler; nos chiens lanceront un chevreuil.

— Bon !

— Le chevreuil prendra le vent, et se dirigera vers cette vallée, là bas, où gronde la meute du baron. Alors nos chiens rencontreront les chiens de M. de Saunières, et ils abandonneront la voie du chevreuil pour donner sur celle du sanglier. Monsieur comprend-il ?

— Parfaitement.

— De telle façon, ajouta Joseph, que nous assisterons tous à l'hallali.

— Mais, observa Raymond, où allons-nous trouver un chevreuil?

— Oh! là, dans ce taillis. Il sera sur pied avant dix minutes...

Et Joseph découpla ses chiens et poussa son cheval vers le taillis en criant :

— Oh! là, là! mes petits chiens, oh! là, là, là!

. . . .

— Ce drôle est sorcier ! disait, une heure après,

Olivier à Raymond, en parlant de Joseph ; les choses tournent selon ses prévisions.

En effet, les deux jeunes gens galopaient sur les derrières de la petite meute, qui chassait à pleine gueule un superbe brocard, dont ils avaient *revu* deux fois déjà.

La bête avait pris un grand parti. Elle s'en était allée tout droit vers la vallée indiquée par Joseph, au fond de laquelle les chiens de M. de Saunières faisaient un tapage d'enfer. Le sanglier se faisait tourner dans un taillis dont il ne voulait pas sortir.

Alors il arriva, ce que Joseph avait parfaitement prévu du reste, que l'équipage de M. Vulpin abandonna le train du chevreuil et se mêla à l'équipage du baron.

Ce relais imprévu força le sanglier à quitter le taillis et à faire une pointe en plaine.

Mais bientôt il rentra sous bois, et Olivier, qui sonnait un vigoureux bien-aller, entendit retentir à un quart de lieue la fanfare du baron.

— Ma foi ! dit-il à Raymond, nous n'avons plus qu'une chose à faire, suivons la chasse.

Et il poussa son cheval et Raymond l'imita.

Tous deux galopèrent sous la futaie allant à la rencontre des chiens.

Le sanglier semblait se rapprocher et venir sur eux, si on en jugeait par le tapage infernal de la meute.

Raymond était amoureux, mais il avait été chasseur passionné, et il le redevint en voyant le sanglier passer, rapide, à cent cinquante mètres de lui, dans une éclaircie du bois, au milieu d'une trentaine de chiens acharnés à sa poursuite.

Un coup d'œil jeté sur le terrain lui fit comprendre que la bête allait faire un nouveau crochet et reviendrait passer tout près de lui.

Alors il s'arrêta, mit pied à terre et arma son fusil, après avoir attaché son cheval à un arbre.

La fanfare de M. de Saunières retentissait toujours dans le lointain.

Raymond fit quelques pas en avant et atteignit ce qu'on appelle une *croix*, c'est-à-dire le point de jonction de deux lignes qui se croisent.

Mais là il s'arrêta de nouveau et son cœur se prit à battre violemment d'une tout autre émotion.

Il venait de voir passer sous la futaie un cheval au galop emportant une amazone.

C'était *elle !*

Elle qui suivait la chasse de si près que Raymond revit le sanglier à trente pas devant elle ; et ce qu'il avait prévu arriva. L'animal épuisé quitta le taillis et se mit à suivre une des deux lignes. L'amazone galopait toujours derrière lui, et meute, sanglier, amazone venaient droit à la *croix* où Raymond attendait.

Mais, tout à coup, le sanglier furieux et hors d'haleine se retourna, fit tête aux chiens, en éventra deux ou trois et voulut rebrousser chemin.

En ce moment le cheval de l'amazone eut peur et se cabra.

La jeune fille poussa un cri de terrible angoisse...

Mais, en ce moment aussi, Raymond s'élança, épaula son fusil, ajusta le sanglier et fit feu...

XV

Si nous voulons savoir ce qui s'était passé dans la forêt, il faut nous transporter au château de l'Orgerelle, le lendemain de ce jour où mademoiselle de Guérigny avait vu arriver à son secours notre héros Raymond.

C'était le soir, après dîner.

Auprès d'une table à ouvrage, Blanche de Guérigny et sa dame de compagnie, madame de Bertaut, causaient à mi-voix.

A l'autre extrémité du salon, au coin de la cheminée, madame de Guérigny et madame de Saunières causaient également.

Enfin, derrière elles, appuyé au marbre de la cheminée, le jeune baron de Saunières était dans une attitude silencieuse et méditative.

De temps à autre le jeune homme jetait un regard à la dérobée vers la table à ouvrage; mais il était difficile de préciser si ce regard s'adressait à Blanche de Guérigny ou à madame de Bertaut, s'il était guidé par la curiosité ou par l'amour.

Blanche disait tout bas à sa dame de compagnie :

— Je trouve que madame de Saunières aurait fort bien pu inviter ces messieurs à dîner hier.

— D'autant plus, répondit madame de Bertaut, que tous deux sont chez M. Vulpin, lequel chasse avec son fils très-souvent; mais la baronne est une femme prudente.

Ces simples mots firent tressaillir mademoiselle

de Guérigny. Un vif incarnat colora ses joues et monta jusqu'à son front.

— Car, ne vous le dissimulez pas, continua madame de Bertaut qui se rapprocha de Blanche et baissa encore la voix, madame de Saunières tient beaucoup à vous avoir pour bru.

Blanche eut un battement de cœur, cependant elle s'efforça de répondre d'un ton enjoué :

— Oh! nous n'en sommes pas là encore, Dieu merci!

— Mais, chère enfant, nous ne sommes venues à l'Orgerelle que pour...

— Chut! mon amie... taisez-vous...

Blanche, à son tour, jeta un regard rapide et furtif sur le jeune baron de Saunières.

— Il n'a pas l'air fort épris de moi, ce me semble.

— Bah! voyez comme il est triste et mélancolique.

— Mais je crois qu'il est toujours ainsi.

— Qu'en savez-vous?

Blanche ne répondit point à cette dernière question, mais elle regarda pour la seconde fois M. de Saunières et le surprit les yeux fixés sur madame de Bertaut.

— Quel âge avez-vous, mon amie? lui dit-elle un peu brusquement.

— Trente-quatre ans bien sonnés, mon enfant.

— Ah!

— Pourquoi me demandez-vous cela?

— Oh! c'est une idée sans conséquence, fit Blanche négligemment. Savez-vous que vous êtes toujours fort belle?

— C'est bien inutile, répondit tristement la veuve.

Et comme si elle eût voulu éviter de parler d'elle-même, elle se hâta de reprendre :

— Savez-vous bien que votre bel inconnu du bois de Boulogne vous a sauvé la vie hier?

— Oh! je le sais... sans lui j'étais perdue !

— Et convenez que tout s'est passé comme dans un roman... il s'est trouvé là à point.

— Ah! chère... fit Blanche qui rougissait toujours, quand je songe à tout cela, je crois rêver... et il est impossible que le hasard seul...

Madame de Bertaut se prit à sourire.

— Le hasard, dit-elle, ne se mêle que des affaires de ceux qu'il protége; et si vous avez rencontré votre bel inconnu du *bois* dans une forêt morvandelle, c'est que...

Blanche interrompit vivement sa dame de compagnie :

— Ainsi, dit-elle, vous croyez qu'il m'a suivie ?

— Qui ? le hasard ?

— Non, *lui*...

— Oh ! je ne dis pas cela... C'est le hasard... Voilà tout...

Et madame de Bertaut souriait toujours...

Mais mademoiselle de Guérigny, parvenue à dominer son trouble, lui dit vivement :

— Eh bien! supposons qu'il m'ait suivie... Car, tenez, hier, lorsqu'il a tiré le sanglier... il était si ému...

— Soit, dit madame de Bertaut, supposons qu'il vous ait suivie... parce que... il vous aime...

Blanche devint cramoisie.

— Il est jeune, il est beau, il doit être riche, poursuivit madame de Bertaut...; mais vous vous défiez si bien, mon enfant, de tous ceux qui vous font la cour, tant vous craignez que l'appât de votre dot...

— Oh! interrompit Blanche, celui-là, non... J'ai lu dans ses yeux...

— Vous avez lu dans ses yeux? fit la dame de compagnie en souriant ; mais alors vous êtes bien plus avancée que moi et vous n'avez nul besoin de mon expérience.

— Mais si... Au contraire...

— Comment?

— Dame! fit naïvement la jeune fille, je ne sais trop ce qu'il faut faire, moi.

— Attendre! répondit la veuve.

Ce mot était gros de sagesse.

— C'est fort bien, murmura Blanche; mais M. de Saunières?...

— Ah! c'est juste!

— Et sa mère?...

En ce moment madame de Bertaut leva les yeux vers la baronne, qui continuait à causer avec madame de Guérigny ; son regard rencontra celui du jeune baron de Saunières, et soudain elle tressaillit, comme si du croisement de ces deux regards eût jailli une étincelle électrique.

. . . .

La baronne et la marquise causaient toujours à mi-voix.

— Ma chère cousine, disait la première, mon fils a trente-deux ans bien sonnés, et il est arrivé à cet âge sans que les passions et les orages de la jeunesse aient effleuré son âme. Ce sera pour votre fille un mari modèle.

— Ma bonne amie, répondait la marquise, je vous l'ai déjà dit, je souhaite ardemment cette union qui resserrerait si bien nos liens de parenté et d'amitié, et mon arrivée chez vous en est la meilleure preuve; mais je vous ai dit aussi que je laisserais ma fille seule arbitre de sa destinée... et si elle n'aimait pas... votre fils...

— Oh! fit la baronne avec l'accent de l'orgueil maternel... s'il en était autrement... elle serait bien difficile.

La marquise ne répondit pas, mais, à son tour, elle regarda Raoul de Saunières.

Le jeune baron était un fort beau cavalier, dans la plus complète acception du mot. Il était grand, bien pris en sa taille, d'une distinction parfaite, et son visage avait un charme mélancolique infini.

La marquise fut un peu de l'avis de la châtelaine de l'Orgerelle, sa cousine.

Si ma fille, pensa-t-elle, ne trouve point Raoul de son goût, elle sera bien difficile en effet.

Raoul de Saunières était si près de sa mère qu'il aurait pu entendre sa conversation avec madame de Guérigny.

Mais il était complétement absorbé et sa distraction ne lui permit point d'en saisir un seul mot.

Tout à coup il quitta la cheminée et s'approcha de la table à ouvrage devant laquelle Blanche et madame de Bertaut étaient assises.

Il y avait sur cette table des livres et des journaux.

Le jeune baron s'assit auprès de Blanche et

déchira la bande du *Constitutionnel*, disant d'un ton qu'il s'efforça de rendre enjoué :

— Voyons donc un peu où en sont les affaires d'Italie. Je vais tâcher de prendre goût à la politique.

Madame de Bertaut se leva.

Etait-ce par discrétion et voulait-elle laisser M. de Saunières faire librement sa cour à sa jeune cousine, ou bien agissait-elle sous l'impulsion d'un autre sentiment?

C'eût été difficile à dire.

Toujours est-il qu'elle se leva et se dirigea sans affectation vers la cheminée, s'approchant ainsi de la marquise et de madame de Saunières.

La table à ouvrage, nous l'avons dit, était à l'extrémité opposée du salon, et le salon du château de l'Orgerelle était immense.

Blanche n'avait pas quitté sa tapisserie et ne paraissait point s'apercevoir de la présence de son cousin.

Bien que se connaissant depuis deux jours à peine, Blanche de Guérigny et Raoul de Saunières se traitaient de cousins.

Or Blanche, depuis la veille surtout, depuis qu'elle avait revu le bel inconnu du *bois*, ne redoutait rien tant qu'un tête-à-tête avec le baron de Saunières, — ce tête-à-tête devant, selon elle, entraîner une respectueuse déclaration.

Pendant quelques minutes, Raoul parcourut le journal qu'il avait à la main ; puis il le reposa sur la table et se pencha vers mademoiselle de Guérigny.

— Ma cousine?... fit-il bien bas.

Blanche leva les yeux et le regarda avec inquiétude.

— Parlez-vous l'anglais? reprit-il.

Cette question n'avait rien d'incendiaire et Blanche respira.

— A peu près comme le français, répondit-elle.

— Moi aussi.

— Ah!

— Madame votre mère aussi, peut-être?...

— Oh! maman n'en sait pas un mot.

— Ma mère non plus. Et madame de Bertaut?

— Pas davantage. Mais pourquoi cette question, mon cousin?

Raoul répondit aussitôt en anglais :

— Parce que je voudrais vous entretenir de choses qui doivent rester entre nous.

Cette fois Blanche tressaillit plus vivement que jamais.

— Nous y voici, pensa-t-elle.

Cependant elle répondit dans la même langue :

— Soit, parlons anglais.

Alors M. de Saunières baissa un peu l'abat-jour de la lampe, de façon à placer dans la pénombre le visage de Blanche et le sien.

Puis, la regardant :

— Ma cousine, reprit-il, je vais vous entretenir de choses graves, et je vous supplie de m'écouter...

— Parlez, mon cousin.

— Lorsque vous êtes arrivée ici, il y a trois jours, avec madame votre mère, j'ignorais, je vous le jure, ses projets et ceux de ma mère à moi.

Blanche se tut.

— Je les connais depuis ce matin, continua Raoul, et je veux vous en parler... à cœur ouvert...

Mademoiselle de Guérigny leva les yeux sur Raoul.

Raoul était calme, sérieux, toujours triste.

Et comme Blanche continuait à garder le silence.

— Ma mère et la vôtre me semblent être allées bien vite. Qu'en pensez-vous, ma cousine?

— Mais... en effet..., balbutia Blanche.

— Et je gage que ni l'une ni l'autre ne se sont inquiétées de savoir si... à Paris... un autre que moi...

Raoul s'arrêta. Blanche avait pâli.

Il y eut un moment de silence entre les deux jeunes gens, — silence que Raoul rompit le premier.

— Tenez, ma cousine, dit-il, pardonnez-moi ma franchise, je vais vous dépeindre vos propres sentiments.

— Mes sentiments! fit-elle avec un certain effroi.

— Vous avez refusé vingt partis brillants durant le cours du dernier hiver. Est-ce vrai?

— C'est vrai.

— Et vous avez donné pour raison que vous n'étiez point certaine que ceux qui recherchaient votre main ne recherchassent pas un peu votre dot.

— Dame! fit naïvement la jeune fille, je suis si riche! C'est désolant, en vérité! Convenez-en, mon cousin...

— Soit. Mais cette raison était-elle la seule?...

— Oui.

Et l'accent de Blanche était rempli de franchise.

— Alors peut-être; mais... aujourd'hui... si on demandait de nouveau votre main...

— Mon cousin!... fit mademoiselle de Guérigny dont la voix trembla soudain.

— Chut, dit le jeune homme, je ne suis point un fiancé... mais... un ami...

— Vous ?

— Un frère, si vous voulez...

— Que dites-vous ?

— Tenez, ma cousine, reprit le jeune homme avec émotion, supposons un moment que votre cœur ne vous appartient plus...

— Oh !

— Et que, le projet de nos mères n'est réalisable qu'au prix de votre malheur éternel...

— Mais, mon cousin...

— Et que dans ces conditions-là, je vienne à vous et vous dise : Ma chère cousine, je suis un grand coupable, car j'aurais dû me trouver sur votre route le premier, alors que vous étiez la maîtresse de votre cœur... Eh bien ! puisque j'ai commis une faute, je viens la réparer...

Et Raoul regardait affectueusement Blanche de Guérigny, et il continua :

— Je viens réparer cette faute, ma chère cousine, en vous disant : Non-seulement je n'aurai point la fatuité d'aspirer à votre amour et de demander votre main, mais je viens me mettre à vos ordres... et je désire vous servir de tout mon pouvoir.

Blanche sentit tout son sang affluer à son cœur et elle devint d'une pâleur mortelle.

Raoul avait son secret.

Le jeune homme lui prit respectueusement la main :

— Je veux être votre ami, votre frère, votre confident... dit-il...,

— Mais, fit la jeune fille qui se révoltait, malgré elle, à la pensée qu'un autre avait pénétré le secret de son cœur, je ne sais en réalité, mon cousin, ce que vous voulez dire...

— Vous souvenez-vous de votre chasse d'hier ?...

— Eh bien?

— Et de... ce jeune homme... qui?...

— Raoul s'arrêta. Blanche n'était plus pâle ; une vive rougeur avait reparu sur ses joues.

— J'ai tout deviné, acheva M. de Saunières... ce jeune homme vous aime...

— Mon cousin !

— Et vous l'aimez...

— Oh!...

— Tenez, pardonnez-moi de savoir ainsi vos petits secrets, ajouta Raoul, ce n'est vraiment pas ma faute ; et sans la rencontre que j'ai faite ce matin...

— Une rencontre ! dit Blanche de plus en plus émue.

— Oui, et je vais vous la raconter.

Le cœur de la jeune fille battait violemment.

Raoul continua :

XVI

Voici à peu près ce que M. Raoul de Saunières raconta à mademoiselle Blanche de Guérigny, sa cousine.

M. de Saunières chassait tous les jours, tantôt à cheval, tantôt à pied.

Le matin de ce jour, il était sorti de l'Orgerelle avec un chien d'arrêt et un fusil et il s'en était allé tirer des perdrix rouges dans les vignes, de l'autre côté de l'étang. Il tiraillait depuis une heure environ lorsqu'il avait entendu retentir un coup de fusil.

— Oh! oh! s'était-il dit avec ce premier mouvement d'humeur naturel à tous les chasseurs, qui donc se permet de venir braconner sur mes terres?

Il était entré dans les vignes et n'avait point tardé à apercevoir un chasseur, vêtu comme lui d'une veste-carnier en velours et devant lequel quêtait, le nez au vent, un bel épagneul écossais.

Raoul de Saunières reconnut le chien.

C'était le *setter* de M. Vulpin.

Le chasseur qui le suivait n'était pas M. Vulpin, mais bien M. Olivier de Kermarieuc.

La veille, à la mort du sanglier, que Raymond avait tué roide au moment où il s'élançait vers le cheval épouvanté de mademoiselle de Guérigny, les deux jeunes gens avaient fait connaissance avec le baron de Saunières.

On s'était expliqué en quelques mots. Raoul avait appris que ces messieurs étaient chez son voisin M. Vulpin. Il avait insisté pour que ces messieurs emportassent le sanglier.

Ces messieurs avaient refusé avec non moins de ténacité. On s'était salué et séparé, sans témoigner d'aucune part le désir de se revoir.

Cependant, en reconnaissant Olivier, M. de Saunières alla droit à lui.

Olivier, de son côté, voyant à qui il avait affaire, marcha à la rencontre de M. de Saunières.

Et lorsqu'il ne fut plus qu'à dix pas, le jeune Breton ôta sa casquette et dit au baron :

— Me voilà pris, monsieur, en flagrant délit de braconnage, et je n'aurai certes pas à vous donner pour excuse mon ignorance de vos limites, car je suis sur vos terres depuis une heure environ.

Raoul salua et sourit.

— Supposez, monsieur, répondit-il, que vous allez à l'Orgerelle.

— Ah ! fit Olivier.

— Dans le but de me demander à déjeuner, ajouta Raoul avec une courtoisie exquise.

— Vous êtes mille fois aimable, monsieur, reprit Olivier, et il y a même quelque chose de vrai dans votre supposition.

— Ah ! mais tant mieux, alors !...

— Permettez, je n'allais point à l'Orgerelle, je ne songeais pas davantage à vous demander à déjeuner, mais...

— Mais ? fit Raoul.

— Je marchais dans la direction de votre château, avec l'espoir de vous rencontrer.

— Ma foi ! monsieur, dit le baron avec franchise, ce que vous faites aujourd'hui, je l'eusse probablement tenté demain.

— Ah !

— Vous êtes un ami de M. Vulpin avec lequel j'ai d'excellents rapports de chasse et de voisinage, et je comptais aller vous faire une visite.

Olivier s'inclina :

— Monsieur, dit-il, vous eussiez été le bienvenu ;

et cependant je préfère mille fois vous avoir rencontré aujourd'hui.

— Pourquoi donc, monsieur ?

— Parce que je désire avoir avec vous un entretien de quelques minutes.

— Avec moi ?

Et Raoul, étonné, regarda Olivier.

— Avec vous, répéta celui-ci.

— Alors, monsieur, si vous voulez me suivre à l'Orgerelle...

— C'est inutile. Tenez, asseyons-nous là, au pied de cet arbre.

— Soit.

Olivier mit son fusil entre ses genoux, et M. de Saunières s'assit auprès de lui, fort intrigué de ce qu'il pouvait avoir à lui dire.

Olivier reprit :

— Figurez-vous, monsieur, que mon ami que vous avez vu hier, et moi, nous sommes venus de Paris tout exprès pour apercevoir les tourelles de votre manoir. Cela vous étonne, n'est-ce pas ?

— Un peu, en effet.

— Ah ! mais pardon, j'oubliais de vous dire qui nous sommes.

— Des gens fort bien élevés, ce me semble, fit Raoul avec un sourire.

— Cela ne suffit pas. Je me nomme Olivier de Kermarieuc et suis gentilhomme breton.

— Seriez-vous le fils ou le neveu du colonel de ce nom, demanda Raoul, avec lequel mon oncle maternel, M. de Rochenoire, a longtemps servi ?

— C'était mon père, répondit Olivier, et puisque vous êtes le neveu de M. de Rochenoire qui m'a fait bien souvent sauter, enfant, sur ses genoux, j'en conclus que nous allons être amis tout de suite.

— Mais c'est fait, dit Raoul.

Et il tendit gracieusement la main à Olivier.

Olivier continua :

— Figurez-vous, monsieur, que nous sommes, mon ami et moi, de vrais personnages de roman.

— Comment cela ?

— Nous courons le monde à la suite d'une aventure ; c'est-à-dire que mon ami Raymond est amoureux fou.

— Ah !

— D'une personne qui habite momentanément le château de l'Orgerelle.

— Et qu'il a sauvée hier d'un danger certain, ajouta Raoul.

La physionomie du baron de Saunières était demeurée calme, et rien en lui n'avait trahi la moindre émotion ; si bien que la pensée que mademoiselle de Guérigny pouvait lui être destinée ne vint même pas à Olivier.

Le Breton reprit :

— J'aime à aller droit au but ; et je vois mon ami si malheureux et si épris, que je n'hésite pas un moment à venir vous prendre pour confident, à la seule fin de savoir si vous pouvez faire quelque chose pour nous.

— Ma foi ! monsieur, dit Raoul, vous avez une franchise chevaleresque à laquelle on ne saurait résister. Je n'ai que peu d'influence sur la marquise de Guérigny, ma parente ; mais je ferai tout ce qui dépendra de moi pour être utile à votre ami. Seulement...

— Je devine, interrompit Olivier ; vous désirez quelques renseignements sur mon ami Raymond ?...

— Nullement, répondit Raoul. Un homme de votre nom, monsieur, ne présenterait point un aventurier ; je voulais seulement vous adresser une question.

— Faites.

— Vous m'avez dit que M. Raymond était éperdûment amoureux de mademoiselle de Guérigny ?

— Oui.

— Mais vous ne m'avez pas dit...

— Si mademoiselle de Guérigny aimait mon ami Raymond ?

— Justement.

— Eh bien ! à vous parler franchement, je vous dirai que je le crois, bien qu'ils ne se soient rencontrés que deux fois. Je vous assure qu'hier...

— Oui, hier, en effet, interrompit M. de Saunières, il m'a semblé que ma cousine rougissait bien fort en échangeant quelques mots avec votre ami...

— Ah ! vous l'avez remarqué ?

— Et, dit encore le baron, Blanche a été préoccupée toute la soirée. Au reste, monsieur, achevat-il, je serai fixé avant demain, et si demain vous voulez vous retrouver ici à la même heure...

— Soit, j'y serai.

Les deux jeunes gens causèrent amicalement ensemble pendant quelques minutes encore, puis ils se séparèrent en se donnant une poignée de main vigoureuse.

. . . .

Or, c'était cette rencontre et cet entretien que

M. de Saunières venait de raconter à sa cousine toute rougissante.

Blanche avait écouté sans prononcer un mot, et elle avait constamment tenu les yeux baissés.

Quand le baron eut terminé son récit, elle lui prit la main à son tour, et la serra doucement.

— Vous êtes noble et bon, lui dit-elle.

— Et, fit-il en souriant, vous ne savez pas encore jusqu'à quel degré.

Alors il se tourna vers sa mère, et dit tout haut :

— A propos, ma mère, j'ai commis un oubli aujourd'hui.

— Lequel, mon fils ?

— Je n'ai pas songé à vous annoncer une visite pour demain.

— Une visite ?

— Oui, celle de ces messieurs que nous avons rencontrés hier, et dont l'un est arrivé si bien à temps pour empêcher ma cousine d'être renversée par son cheval.

— Ah ! ces messieurs doivent venir nous voir ? fit la baronne.

— Mais sans doute.

— Et comment sais-tu cela ?

— Je les ai revus ce matin.

— A la chasse ?

— Oui. Ils m'ont témoigné le désir de se présenter au château, et j'ai pris sur moi de les inviter à dîner.

A ces derniers mots, Blanche de Guérigny enveloppa son cousin d'un regard empli de reconnaissance.

XVII

Tandis que les hôtes de l'Orgerelle étaient réunis au salon du manoir, tandis qu'à Bois-Lambert M. Olivier de Kermarieuc affirmait à son ami Raymond que, du moment où M. Raoul de Saunières était pour eux, tout irait pour le mieux, une scène toute différente se passait dans les environs.

Le Morvan est un pays montagneux, coupé de vallées profondes, couvert de grands bois.

On donnerait volontiers à cette pittoresque contrée le nom de Petite-Écosse.

Rien ne lui manque, excepté un Walter Scott.

Elle a ses légendes brumeuses, ses traditions fantastiques, ses étangs sur lesquels les *belles de nuit* folâtrent au clair de lune, ses ruines féodales où gémissent les orfraies par les nuits d'orage.

Or, à deux lieues environ au nord du château de l'Orgerelle, au milieu des bois, se dresse un mamelon couvert de chênes rabougris, au sommet duquel existe encore une vieille tour qui porte un singulier nom : la *Cigogne*.

La *Cigogne* est le dernier vestige d'une vaste construction féodale qui, au temps de la guerre avec les Anglais, fut prise et reprise tour à tour, tantôt par les Bourguignons et le comte de Chastellux, tantôt par les troupes du captal de Buch.

Celui-ci, qui en fut le dernier conquérant, y mit le feu et tout brûla, à l'exception toutefois de cette tour nommée la Cigogne.

Mais ce que le captal de Buch et le feu n'avaient pu faire, le temps s'en chargea.

Depuis plus d'un siècle, la *Cigogne* n'est plus qu'une ruine ouverte à tous les vents du ciel, que la foudre sillonne, que le lichen envahit, dont la toiture et les planchers se sont écroulés, et qui n'a plus pour ceinture qu'un monceau de pierres moussues et de broussailles.

Or, ce soir-là, vers dix ou onze heures, la vieille tour projetait au loin, par ses crevasses, de fantastiques et rougeâtres lueurs.

Un esprit superstitieux aurait pu croire que le diable en personne y tenait quelque mystérieuse assemblée avec les sorciers du voisinage.

Il n'en était rien cependant.

Les lueurs rougeâtres provenaient d'un feu de broussailles allumé au milieu de la ruine.

Quant au diable, il était représenté par deux hommes vêtus comme le sont les charbonniers et les bûcherons du Morvan.

Ces deux hommes se chauffaient et causaient en fumant.

Cependant, chose assez singulière, ce n'était point, comme on aurait pu le croire, à voir leur piètre costume, le modeste brûle-gueule populaire qu'ils avaient à la bouche, mais bien d'excellents cigares de la Havane, et celui qui les eût surpris ainsi et remarqué ce détail, se serait en outre aperçu qu'ils avaient les mains bien blanches pour des bûcherons ou des charbonniers.

— Ah ça! mon cher major, disait le plus jeune, convenez que vous me faites jouer un singulier rôle ?

— Bah ! tu trouves ?

— Dame ! j'agis sans savoir pourquoi, et j'exécute toutes vos volontés sans qu'il me soit permis de les discuter.

— Mon bon ami, répondit le major Samuel, car c'était lui, en compagnie de ce jeune homme qu'il appelait le petit baron, — mon bon ami, je t'ai déjà dit que j'étais la tête et toi le bras...

— Bon !

— Or, la tête seule pense... et si le bras avait le droit de penser...

— Eh bien ?

— La tête et le bras représenteraient à merveille un état constitutionnel, c'est-à-dire un gouvernement dans lequel tout le monde pérore, tout le monde discute, et où personne ne fait rien qui vaille !

— Jolie phrase ! murmura le petit baron avec ironie.

— Pourtant, reprit le major, je veux bien te faire une concession.

— Ah !

— Et te dire pourquoi nous sommes ici cette nuit.

— Voyons ?

— Tu te souviens de notre petite association, que j'ai eu l'air de dissoudre il y a huit jours ?

— Parbleu ! j'étais secrétaire.

— Eh bien ! un des membres dissous est ici, dans le pays.

— Bah !

— Tu sais bien que nous avions un peu de tout

dans l'association, des gentlemen et des domestiques...

— Oui. Est-ce un domestique ?

— Précisément. C'est le valet de chambre d'un homme qui fait courir, M. Vulpin.

— Et il est ici ?

— A une lieue, dans une maison de campagne qui appartient à son maître.

— Et cet homme peut nous être utile ?

— Mais sans doute. Il est lié par nos secrets, il nous servira.

— Et vous l'attendez ?

— Il devrait être arrivé. Je lui ai envoyé un petit billet qui portait le signe maçonnique de notre association.

Comme le major parlait, on entendit au dehors un bruit de pas qui froissaient des feuilles mortes et des broussailles.

— Le voilà, dit le major.

Tous deux se retournèrent et virent un homme qui entrait par une des brèches de la tour, un fusil e chasse en bandoulière.

XVII

L'homme qui entrait, un fusil de chasse sur l'épaule, était maître Baptiste, valet de chambre de M. Vulpin.

D'abord il s'arrêta interdit à la vue de ces deux personnages si singulièrement accoutrés, et il se crut en présence de véritables paysans.

Mais un reflet du feu de broussailles tomba sur le visage du major et, à sa clarté, il reconnut à qui il avait affaire.

— Bonjour, Baptiste, dit le major Samuel.

— Bonjour, Baptiste, répéta le petit baron.

— Bonsoir, messieurs, répondit le valet qui salua familièrement. Je ne m'attendais pas à vous trouver ici.

Et il posa son fusil dans un coin de la tour, puis, venant s'asseoir auprès du major :

— Comment diable, dit-il, vous trouvez-vous par ici ?

— Nous y sommes venus pour te voir, mon cher Baptiste.

— Moi ?

— Toi.

Et le major le regarda fixement, ajoutant :

— Nous avons un peu besoin de toi.

— Tiens ! tiens ! fit Baptiste avec une certaine ironie, vraiment ?

— Mais sans doute.

— Je croyais cependant que... l'association était dissoute...

— C'est vrai, seulement nous venons de la reconstituer.

— Ah !

— Elle ne se compose plus que de trois membres.

— Ah ! ah !

— Monsieur, toi et moi.

— C'est très-bien. Mais... a-t-elle le même but ?

— A peu près... cependant il y a une nuance.

— Voyons ?

— Nous ne nous occupons plus des successions, mais des mariages.

Baptiste tressaillit, et il eut comme une vague intuition de la vérité.

— Et qui voulez-vous marier ? demanda-t-il.

— Monsieur.

Et le major montrait le petit baron.

Baptiste salua. Seulement son salut eut quelque chose de passablement ironique et eût donné à penser qu'il en savait long sur le personnage désigné.

— Avec qui ?

— Oh ! tout beau ! dit le major; avant d'aller plus loin, il faut nous entendre.

Baptiste tressaillit de nouveau.

— Nous bien entendre..., insista le major.

— Soit, dit le valet.

— En cas de réussite, ta part est de cinquante-mille francs.

— Peste ! un joli pot de vin. Et si on échoue...

— Rien, parbleu !

— Après ?

— Et si tu nous trahis, il pourra se faire que certain faux en écriture privée que tu as commis un jour... — oh ! fit le major naïvement, ce n'est pas un reproche ! tu étais si jeune alors... — il pourra se faire que ce faux se trouve par hasard un matin sur la table du procureur impérial.

Baptiste frissonna ; mais il reprit sur-le-champ :

— Pourquoi donc voulez-vous que je vous trahisse ?

— Dame !

— Et quel est le métier où je gagnerai cinquante mille francs ?

— C'est vrai.

— Donc, si vous avez besoin de moi, voyons la besogne ?

— Monsieur, dit le major en désignant toujours le petit baron, s'est mis en tête de faire un beau mariage.

— L'idée est bonne.

— Et d'épouser mademoiselle de Guérigny, qui se trouve, en ce moment, au château de l'Orgerelle.

Baptiste fit un léger mouvement que ni le major, ni le petit baron ne remarquèrent.

— Ah ! vraiment ! dit-il ; elle est donc riche, cette demoiselle ?

— Assez, fit le major avec une indifférence dont tout autre que Baptiste eût été dupe.

— Eh bien ! quel sera mon rôle là-dedans ?

— Tu es toujours au service de M. Vulpin ?

— Toujours.

— Bien certainement ton maître connaît le châtelain de l'Orgerelle ?

— Ils chassent ensemble.

— Tu as de l'imagination, maître Baptiste, et il faut que tu trouves l'occasion de nous introduire à l'Orgerelle.

— C'est difficile.

— Il est toujours difficile, dit le major, de gagner cinquante mille francs.

— Vous avez raison.

— Mais nous pourrions, par exemple, faire la connaissance de M. Vulpin.

— Impossible.

— Pourquoi ?

— Parce qu'il est absent.

— Tiens! dit le major, nous avons entendu des chiens qui chassaient hier matin, et un paysan nous a dit que c'étaient les chiens de M. Vulpin. Ce n'était donc pas lui?

— Non, mais deux de ses amis.

— Eh bien! fais-nous faire la connaissance de ses amis.

— On verra.

— Comment sont-ils?

— Ce sont deux jeunes gens de Paris.

A son tour, le major eut un mouvement d'inquiétude.

— Et ils habitent le pays?

— Non, dit Baptiste. Ils sont venus pour chasser, et ils sont logés à Bois-Lambert... chez nous.

— Mais M. Vulpin reviendra?

— Oui, dans huit jours.

— C'est trop long, pensa le major. Il faut donner un premier assaut tout de suite.

— Mais, dit à son tour Baptiste, où êtes-vous logés, vous?...

— A Cerizay, le village qui se trouve de l'autre côté de la forêt.

— Chez qui?

— Dans l'auberge. Nous nous sommes donnés pour des marchands de bois.

— Eh bien! reprit Baptiste, j'irai vous y voir demain matin. On dit que la nuit porte conseil. J'ai besoin de réfléchir cette nuit au moyen de vous introduire au château de l'Orgerelle.

Baptiste reprit son fusil et le remit sur son épaule.

Puis il prit la pose de Frédérick Lemaître dans *Don César de Bazan*:

— Bonsoir, messeigneurs, dit-il.

Et il s'en alla, sans que le major fît un geste pour le retenir.

— Ah ça! mais, fit le petit baron, vous vous laissez traiter bien familièrement par ce drôle, mon cher major.

— Nous avons besoin de lui, répondit le major.

. . . .

Baptiste sortit des ruines de la Cigogne et, en s'en allant, il s'adressa le monologue suivant :

— La nuit, en effet, porte conseil. Il faut réfléchir et voir si je n'aurai pas plus de profit à servir M. Raymond, l'ami de M. Olivier, qu'à me mêler des affaires de ce drôle qu'on nomme le petit baron. M. Olivier de Kermarieuc est un vrai gentilhomme; son ami n'est point un aventurier par conséquent.

Donc, il y a trois fois plus de chance que M. Raymond parvienne à épouser mademoiselle de Guérigny.

D'un autre côté, il faut songer que M. Olivier, si le mariage se fait, ne me donnera pas cinquante mille francs. Et puis, il y a ce diable de faux !

Et Baptiste soupira, ajoutant :

— Le major est un dur-à-cuire, il tient ce qu'il a promis. Si je me mets mal avec lui, il se vengera...

D'un autre côté, cela me paraît improbable que le petit baron en arrive à ses fins. Pour se marier, il faut avoir des papiers..., et les papiers du petit baron, ce n'est pas une recommandation, ma foi !.. Tout cela est grave! fort grave...

Baptiste s'en retourna tout seul à Bois-Lambert.

Par les bois, il n'y avait guère qu'une heure de chemin de la ruine à la maison de M. Vulpin.

Le valet doubla le pas, se répétant à satiété les réflexions qu'il venait de se faire, pesant le pour et le contre, et il n'était pas plus avancé en arrivant.

Malgré l'heure avancée, Baptiste aperçut de la lumière à travers les persiennes des deux jeunes gens. Olivier et Raymond n'étaient point couchés encore.

Baptiste ouvrit sans bruit la porte de la grille et entra par le jardin. Il y avait à Bois-Lambert un petit escalier de service qui montait en spirale dans une tourelle, du rez-de-chaussée aux mansardes. A chaque étage de la maison se trouvait une chambre à coucher dont le cabinet de toilette avait une issue sur cet escalier.

Comme le valet gravissait les marches de cet escalier, il eut une inspiration; et, passant devant la porte du cabinet de toilette de ces messieurs, il frappa doucement.

— Entrez! dit la voix d'Olivier.

Le valet entra et trouva Raymond et son ami, chacun dans son lit, fumant et causant.

— Ces messieurs n'ont besoin de rien? demanda Baptiste d'un ton mielleux.

— De rien absolument.

Baptiste s'inclina et sortit.

Seulement il ferma la porte du cabinet et laissa ouverte celle qui donnait sur l'escalier.

Puis il monta d'un pas lourd jusqu'à l'étage supérieur.

Arrivé là, il ôta ses souliers, souffla sa lampe et redescendit sur la pointe du pied, se disant :

— Au fait ! il faut que je sache ce que peut être,

au juste, ce monsieur qui s'appelle Raymond tout court.

Baptiste pénétra dans le cabinet de toilette, s'y blottit, colla son oreille à la porte et écouta la conversation de Raymond et d'Olivier, qui se croyaient parfaitement seuls.

XVIII

Raymond et Olivier causaient.

Une heure auparavant, et tandis que Baptiste était allé à la *Cigogne*, se rendant à l'appel mystérieux du major, les deux amis avaient entendu retentir le galop d'un cheval.

Le cheval s'était arrêté à la grille de Bois-Lambert, et un domestique à la livrée de M. le baron de Saunières avait mis pied à terre.

Raoul adressait le billet suivant à Olivier de Kermarieuc :

« Monsieur et ami,

« S'il vous plaît de dormir la grasse matinée de demain, ces quelques mots vous dispenseront de vous trouver au rendez-vous que nous avions pris ce matin.

« J'ai annoncé votre visite et celle de votre ami, à l'Orgerelle, pour demain samedi, l'heure du dîner. c'est-à-dire entre cinq et six.

« Ma mère sera heureuse de vous recevoir.

« Ma main dans la vôtre.

« RAOUL DE SAUNIÈRES. »

Olivier, comme on le pense bien, avait fait part

à Raymond de son entrevue du matin avec le jeune baron.

Durant toute la journée, Raymond avait été en proie à l'anxiété la plus vive.

Ce billet était venu mettre le comble à son angoisse.

Lorsque Baptiste pénétra dans le cabinet de toilette, Olivier disait :

— Ah ça ! es-tu fou, décidément, de te tourmenter ainsi ? On t'ouvre la porte et tu hésites à entrer !

— Mon cher, répondait Olivier, tu oublies que cette porte est celle d'un salon.

— Nullement.

— D'un salon du faubourg Saint-Germain encore.

— Eh bien ?

— Et que, lorsque les deux battants de cette porte s'ouvrent, il est besoin de jeter le nom du visiteur à un laquais qui le répète aux maîtres de la maison.

— Décidément, je ne comprends plus.

— Je m'appelle Raymond... Raymond tout court.

— C'est vrai, dit Olivier, mais si tu n'es pas gentilhomme avéré, tu es du moins un parfait gentleman, ce qui veut dire un homme du meilleur monde.

— Soit.

— Et puis d'ailleurs, fit Olivier qui, en vrai Breton des croisades, ne se souciait que fort peu de ses parchemins, crois-tu que l'amour a été élevé à l'école de M. d'Hozier, et qu'il soit besoin de *maintenues* de noblesse pour plaire à une jolie fille et l'épouser ?

— Mais, cher ami, quand on est la fille du marquis de Guérigny, on ne consent pas volontiers à s'appeler madame Raymond.

— Bah !

— Mon Dieu ! reprit Raymond, je suis pourtant le fils d'un gentilhomme.

— Vraiment ?

— Il paraît même que mon père était duc et pair.

— Oh ! oh ! dit Olivier.

— Et cependant je suis condamné à ignorer éternellement son nom.

— Que me chantes-tu là ?

— La vérité.

— Comment ?

— Il y a huit jours, un inconnu est venu me proposer un pacte infâme. Il m'offrait de me rendre la fortune de mon père, en spoliant, peut-être même en assassinant celle qui avait hérité de lui.

— Voyons, dit Olivier, explique-toi, cher ami, car je commence à ne plus comprendre du tout.

— Soit, dit Raymond.

Et il raconta dans tous ses détails son entrevue avec le personnage mystérieux de la Maison-d'Or.

Baptiste, l'oreille collée à la porte, ne perdait pas un mot de la conversation.

Il entendit l'étrange histoire de Raymond jusqu'au bout.

— Oh ! oh ! se dit-il, j'ai bien fait de venir ici. Aventurier pour aventurier, j'aime encore mieux le petit baron.

Il y a cinquante mille francs au bout!...

Et Baptiste sortit sur la pointe du pied et alla se mettre au lit.

Il savait ce qu'il avait voulu savoir.

. . . . o . . . .

Le lendemain, lorsque Olivier et Raymond se levèrent, Baptiste était sorti.

— Où donc est Baptiste? demanda Olivier au jardinier.

— Il est allé à la chasse, monsieur.

— Sais-tu de quel côté ?

— Non, monsieur. Mais il m'a dit qu'il ne tarderait point à rentrer. J'ai donné la pâtée aux chiens et si ces messieurs désirent chasser...

— Non, pas aujourd'hui.

Olivier et Raymond allèrent faire un tour de promenade et rentrèrent à l'heure du déjeuner.

Baptiste était revenu.

— Tu sais que nous ne dînons pas ici ce soir, lui dit Raymond.

— Ah ! fit le valet, qui joua la surprise.

— Nous dînons à l'Orgerelle.

— Alors je vais laver le phaéton qui est couvert de poussière.

— C'est inutile. Nous irons à cheval.

— Si ces messieurs vont à cheval à l'Orgerelle, dit le valet, je me permettrai de leur donner un conseil.

— Parle !

— Ce sera de passer par la *Cigogne*. D'abord c'est plus court.

— Qu'est-ce que la *Cigogne ?*

— Une tour en ruines. M. Vulpin, qui est archéologue, trouve que c'est fort beau.

— Ah!

— Ensuite la route de Bois-Lambert à l'Orgerelle par la *Cigogne* est très-pittoresque. C'est un sentier escarpé.

— Peut-on y passer à cheval ?

— Oui certes.

— Un sentier qui court en zigzag au flanc d'une montagne, et franchit un abîme sur un pont qui, dit-on, date des Romains.

— Ah ! par exemple ! observa Baptiste, il y a un endroit périlleux.

— Bah !

— Un peu avant le pont, la route fait un brusque détour, et si on passait là de nuit avec un cheval emporté, on pourrait bien, au lieu de passer sur le pont, sauter dans l'abîme.

— Diable ! fit Raymond en riant.

— Eh bien ! nous y passerons, dit Olivier. Puisque nous sommes en plein roman, il faut en profiter. D'ailleurs, un peu de péril est toujours chose amusante.

— Oh ! ces messieurs, dit Baptiste, passeront là en plein jour, je suppose.

— Oui, pour aller...

— Et pour revenir ils suivront la route ordinaire.

— Peut-être non. S'il fait clair de lune, nous reviendrons par le même chemin, dit Raymond. Les ruines sont splendides au clair de lune.

Baptiste s'inclina sans mot dire.

. . . .

Le soir, vers six heures, Raymond et Olivier dînaient au château de l'Orgerelle ; le verre en main, le jeune baron de Saunières buvait à ses nouveaux amis...

Mais, avant de savoir ce qui se passa à l'Orgerelle durant cette soirée, il est bon de suivre Baptiste dans sa promenade matinale.

Baptiste, on le devine, une fois son parti bien pris de trahir Raymond au profit du petit baron, s'était levé avant le jour et avait pris le chemin de Cérizay, décidé à avertir le major des projets de Raymond touchant mademoiselle de Guérigny, et bien résolu à lui faire part de la conversation qu'il avait surpris durant la nuit précédente.

XIX

Lorsque Baptiste arriva à Cérizay, le major Samuel et son élève le *petit baron* étaient assis devant le feu de la cuisine, dans l'unique auberge du village.

Ils causaient.

— Enfin, disait le petit baron, tout est fort bien jusqu'ici, et vous m'avez déjà trouvé une mère. Cependant...

— Tu n'es pas très-sûr, n'est-ce-pas? de plaire à mademoiselle de Guérigny, la nièce de ton prétendu père le duc et pair, et sa légataire universelle ?

— Dame !

— Tu es pourtant joli garçon...

Le petit baron se rengorgea.

— Tu sais *avoir du monde*...

— Heu! heu! Mais...

— Voyons? explique-toi...

— Il peut se faire que déjà elle aime quelqu'un.

— J'ai prévu le cas...

— Eh bien?

— Ce qu'elle aurait fait par amour, elle le fera par devoir.

— Je ne comprends pas.

— C'est inutile.

On entendit un pas au dehors, et Baptiste entra.

Le major et le petit baron étaient toujours vêtus en marchands de bois et ils s'étaient donnés pour tels dans l'auberge, à leur arrivée, la veille au matin.

Lorsque Baptiste entra, ils se trouvaient seuls dans la cuisine.

L'aubergiste était aux champs, la femme était dans le jardinet, et la servante plumait un poulet sur le seuil de la basse-cour.

— Nous pouvons causer, dit le major.

Baptiste s'assit et regarda le marquis d'un air narquois qui l'intrigua passablement.

— Est-ce que tu as une bonne nouvelle à nous donner? demanda le petit baron.

— Oui et non.

— Comment cela ?

— Non, si vous aviez peur, car je viens vous avertir d'un grand péril.

— Hein? fit le major.

— Oui, si vous êtes prêts à faire face au danger.

— Parbleu !

— Mais parle donc! fit le petit baron avec inquiétude.

Baptiste dédaignait les tournures et les ménagements parlementaires ; il dit brutalement :

— Mademoiselle de Guérigny a un amoureux !

Le petit baron s'écria :

— J'en étais sûr!...

— Son cousin, sans doute, le baron de Saunières..., fit le major.

— Vous n'y êtes pas.

— Qui donc alors ?

— Un des deux jeunes gens qui sont logés chez M. Vulpin, à Bois-Lambert.

— Et... tu le nommes ?...

— Raymond.

A ce nom, le major étouffa un cri, et fit sur sa chaise un tel soubresaut, qu'il faillit tomber à la renverse.

— Oui, répéta Baptiste, il se nomme Raymond.., et il est, paraît-il, le fils d'un duc et pair.

— C'est lui ! s'écria le major pâlissant.

— Qui lui ? fit Baptiste..., vous le connaissez ?...

— Peut-être..., du moins je connais un homme qui se nomme Raymond... Comment est-il, celui-là ?

— Il est grand, mince...

— Blond ou brun ?

— Blond. Un joli garçon, ma foi !... et mademoiselle de Guérigny... Mon Dieu ! comme cela vous fait de l'effet...

— Mais achève donc, malheureux...

— Mademoiselle de Guérigny l'aime, paraît-il...

Alors Baptiste, qui s'expliquait mal encore l'émotion éprouvée par le major et son protégé, Baptiste se mit à leur raconter ce qu'il avait appris la nuit précédente.

Le major se contint et l'écouta jusqu'au bout.

Mais lorsque Baptiste eut ajouté que les deux jeunes gens dînaient le soir même au château de l'Orgerelle, alors il saisit le bras du valet, le serra fortement et lui dit :

— Ce n'est plus cinquante mille francs que je te promets.

— Plaît-il ?

— C'est cent mille. Seulement, il faudra peut-être...

Et le major baissa la voix.

A l'expression de sa physionomie, Baptiste devina.

— Voyons ? parlez..., dit-il.

— Il faudra peut-être...

Le major s'arrêta encore ; mais il eut un geste éloquent, le geste d'un homme qui épaulerait un fusil et s'apprêterait à faire feu...

Baptiste garda un majestueux silence.

Le major sembla vouloir lui laisser le temps de la réflexion et il se tourna vers le petit baron.

— Tu comprends bien, lui dit-il, que si le vrai Raymond a le temps de raconter son histoire, le faux n'a plus qu'à *filer*.

— C'est assez mon avis.

Les derniers mots du baron frappèrent Baptiste.

— Oh ! oh ! pensa-t-il, ces messieurs me paraissent tenir un joli secret dans leurs mains. Je veux être de la confidence.

Et il dit froidement au major :

— Je veux bien vous servir, je veux bien jouer ma peau, mais je veux tout savoir..., *tout !*

Et il souligna ce monosyllabe d'un tel accent d'autorité, que le major comprit qu'il n'accepterait point le rôle d'instrument.

— Ecoutez, poursuivit Baptiste, mademoiselle de

Guérigny a plus de deux millions de dot. Je veux une part d'associé.

— Comment! drôle!

— C'est comme cela, messeigneurs. J'ai toujours rêvé une fortune honnête, une aisance qui me permette de vivre à ma fantaisie. Si le petit baron épouse mademoiselle de Guérigny, je veux avoir quinze mille livres de rente; et, dans ce cas, je prends tout sur moi. Seulement, je veux tout savoir... et tenez, je devine déjà...

— Quoi?

— Que le petit baron va jouer le rôle d'un autre...

— Allons! murmura le major, je vois qu'il faut le mettre dans la confidence. Il nous servira plus intelligemment.

Et se tournant vers Baptiste :

— Si le mariage se fait, tu auras tes quinze mille livres de rente.

— A la bonne heure!

— Maintenant écoute...

Et le major, d'un ton bref, mais avec une grande clarté, expliqua la situation au valet. L'enfant spolié, c'était Raymond; l'héritière du duc et pair, c'était mademoiselle de Guérigny.

On avait substitué le petit baron à Raymond vis-à-vis de Jeanne l'aveugle; il fallait maintenant opérer la même substitution aux yeux de mademoiselle de Guérigny.

Cela fait, la jeune fille, dans sa chevaleresque délicatesse, n'avait plus qu'un parti à prendre : épouser le faux Raymond, afin de lui restituer la fortune de son père.

— J'ai parfaitement compris tout cela, dit alors Baptiste ; et je comprends surtout qu'il faut, à tout prix, mettre un abîme entre mademoiselle de Guérigny et le vrai Raymond.

— Les morts ne parlent pas, dit le major.

Baptiste et le petit baron tressaillirent.

— Ah ! dame ! fit le major, tu comprends, mon bonhomme, qu'on ne se fait pas quinze mille livres de rente sans travailler...

— C'est juste !...

Et Baptiste devint pensif ; puis il ajouta :

— Je sais bien qu'à la chasse un accident est bientôt arrivé...

— Ah ! ah !

— Une balle destinée à un sanglier...

— Va se loger dans le dos d'un homme, n'est-ce pas ?

— Justement. Mais ces messieurs ne chasseront pas aujourd'hui... Ils m'en ont prévenu hier soir.

— Cependant il ne faut pas que Raymond dîne ce soir à l'Orgerelle.

— Bah ! fit Baptiste, je n'y vois pas d'inconvénient, moi.

— Es-tu fou ?

— Mais non. Vous pensez bien que le jeune homme n'est pas pressé d'avouer qu'il est bâtard.

— Tiens ! c'est vrai ce qu'il dit là, observa le petit baron.

— Il va faire sa cour à la fille d'abord. Après..., quand il sera bien sûr d'être aimé...

Baptiste s'interrompit brusquement et se frappa le front :

— Ah! pardieu! s'écria-t-il, j'ai une fameuse idée.
— Laquelle?
— Vous savez qu'il y a un ravin profond tout près des ruines où nous nous sommes vus hier soir. Sur le ravin, au fond duquel roule un torrent, il y a un vieux pont. Je vais m'arranger pour que ces messieurs passent par là.
— Et puis?
— Et puis, dit Baptiste, le reste me regarde. Allez-vous-en ce soir, vers neuf heures, dans les ruines de la Cigogne, j'y serai... et je vous expliquerai mon plan. Au revoir...

Le valet reprit son fusil et s'en alla en se disant :
— C'est un fort gentil garçon, M. Raymond, et c'est vraiment dommage de l'envoyer dans l'autre monde. Mais... il le faut! Nécessité n'a pas de compassion... Tant pis!...

XX

Le soir, à l'heure indiquée, le major et son complice attendaient Baptiste dans les ruines de la Cigogne. Le major avait, sa montre en main, constaté qu'il était neuf heures un quart.
— Baptiste est en retard, murmurait-il, et la nuit est noire comme une des sept bouches de l'enfer.
— Sans compter, ajouta le petit baron, que je reçois déjà sur mon chapeau de larges gouttes de pluie et qu'il va faire un de ces orages comme on n'en voit que dans les montagnes...

Comme si la nature eût voulu confirmer les paroles du jeune homme, un éclair déchira la voûte plombée du ciel et projeta sa sinistre lueur dans la ruine.

Au même instant on entendit un fracas épouvantable, pareil à celui du tonnerre...

Et ce n'était point le tonnerre cependant...

Mais on eût dit qu'une partie de la montagne sur laquelle se dressait la tour en ruines, venait de s'entr'ouvrir et que la tour s'écroulait.

Le major et son complice, saisis de terreur, s'élancèrent au dehors. Mais, soudain, un éclat de rire retentit auprès d'eux, et un homme leur apparut au milieu des broussailles.

C'était Baptiste.

— Avouez, dit-il, que vous avez eu rudement peur.

— Mais qu'est-ce donc? Qu'est-il arrivé ? Quel est ce bruit? demandèrent-ils tous deux.

— C'est le pont qui s'est écroulé, répondit tranquillement Baptiste. Venez, venez, vous verrez ma besogne à la lueur d'un éclair...

Et il les entraîna vers le ravin.

— Comment s'est-il écroulé? demandait le major tout en suivant Baptiste dans un petit sentier qui serpentait au flanc de la montagne.

— Ecoutez donc. Vous allez comprendre... Figurez-vous que ces messieurs ont passé dessus vers cinq heures, en allant à l'Orgerelle. C'est le chemin le plus court.., et puis je leur avais vanté la beauté des ruines...

Et Baptiste eut un méchant sourire.

— Je les accompagnais, poursuivit-il ; et quand

nous avons été sur le pont, j'ai regardé le ciel et je leur ai dit : L'année dernière, en revenant de la chasse avec M. Vulpin, nous avons été surpris par l'orage dans la Cigogne. Ah! je puis affirmer que c'est une belle chose...

— Pardieu! s'est écrié M. Raymond, je voudrais me trouver à pareille fête.

— Ce n'est pas difficile, ai-je répondu ; et je vois là-bas un fier nuage.

— Eh bien! a dit M. Raymond, nous prendrons le même chemin, ce soir, pour revenir de l'Orgerelle.

— Ces messieurs feront bien de se fier à l'instinct de leurs chevaux, alors. La nuit, la route n'est pas bonne.

— Bah! s'est écrié M. Raymond, il y a un Dieu pour les amoureux comme pour les ivrognes! Tu peux t'en retourner, Baptiste. Maintenant nous savons le chemin de l'Orgerelle.

— Oh! il n'y a pas à se tromper. C'est toujours tout droit. Bonsoir, messieurs, bon appétit.

Et alors, acheva Baptiste, j'ai repassé le pont.

— Mais tout cela, dit le major, ne nous explique point...

— Comment le pont vient de s'écrouler ?

Le major fit un signe de tête.

— Attendez. Un soir qu'il pleuvait, je m'étais mis à l'abri sous le pont, et mes yeux rencontrèrent une grosse pierre qui en était comme la clef de voûte.

« Hé! hé! me dis-je, si cette pierre venait à se détacher, je crois bien que le pont la suivrait. » Je me suis souvenu de cette réflexion.

— Et alors...

— Alors j'ai fait un trou au milieu du pont, perpendiculairement au-dessus de la grosse pierre. J'avais eu soin de mettre une tarière de tailleur de pierres dans mon carnier.

Le ciment était dur, mais la tarière mordait bien, et mon trou s'est fait. Alors j'ai versé dedans le contenu de ma poire à poudre, environ une livre, et j'ai bouché le trou avec une cheville qui avait juste la grosseur de la tarière. Seulement je l'avais percée au milieu, comme une canne à sucre, et, dans l'ouverture pratiquée, j'avais introduit une mèche soufrée.

La mèche était cachée entre deux cailloux, ce qui fait que si quelqu'un avait passé par là, il aurait mis le pied dessus sans la voir. Tout cela m'a pris un bon bout de temps et il était neuf heures lorsque j'ai mis le feu à la mèche.

Je me suis alors sauvé à toutes jambes.

Cinq minutes après, la poudre a pris feu, la pierre de voûte a été chassée comme une balle hors du fusil, et le pont s'est écroulé...

— Bon, fit le major... et tu crois que M. Raymond va revenir de l'Orgerelle par le même chemin?

— Dame! c'est à peu près sûr... D'ailleurs c'était un coup à tenter...

Un nouvel éclair brilla et, à sa lueur, le major et le petit baron aperçurent, l'espace d'une seconde, le ravin au fond duquel le pont s'était effondré.

C'était un saisissant spectacle.

Le ravin était profond et enserré par des rochers taillés à pic.

Du milieu de ces rochers s'élevait çà et là un chêne rabougri, une touffe de feuillage d'un vert sombre.

A l'endroit où le pont s'était écroulé, l'abîme avait une profondeur de trente à quarante pieds.

La nuit était noire ; il avait fallu cet éclair qui venait de briller pour montrer au major toute l'étendue du péril qu'allait courir le cavalier venant du château de l'Orgerelle.

— Hein? fit Baptiste, vous avez vu?

— Oh! dit le major, s'il fait ce saut il ne remontera point tout seul.

— C'est mon avis, ricana le valet de chambre de M. Vulpin.

— Cependant...

— Ah! ah! est-ce que vous avez une objection à me faire?

— Oui.

— Voyons?

— Ils sont deux...

— Oui, M. Olivier de Kermarieuc est avec M. Raymond.

— Très-bien. Par conséquent, il peut se faire que tous deux aillent se casser les reins là bas...

Et le major montrait le ravin.

— Dame ! fit Baptiste, ça me fera bien de la peine pour M. Olivier, qui est le meilleur garçon de la terre.

— Mais, reprit le major, il peut se faire aussi que galopant l'un derrière l'autre, il y en ait un qui arrive le premier et, en tombant, pousse un cri.

— Dame! c'est possible. Alors M. Olivier aura le temps de s'arrêter.

— Ma foi ! je n'en serais pas fâché... c'est un si bon garçon !

— Et si c'est Olivier qui est devant ?

— Ah ! diable ! je n'avais pas songé à cette combinaison.

— Mais que voulez-vous ? il faut se fier un peu au hasard.

— C'est juste.

— Et maintenant si vous voulez assister à l'événement...

— Parbleu ! dit le petit baron.

— Mettez-vous là, derrière cette touffe. Si vous ne voyez pas, vous entendrez du moins. Bonsoir...

— Comment ! tu pars ? fit le major.

— Oui, j'ai mes raisons pour cela.

Et Baptiste reprit le sentier de la tour, et le bruit de ses pas s'éteignit bientôt dans les broussailles.

Le major et son complice, cachés dans une touffe d'arbres, à quelques pas du pont brisé, attendirent avec anxiété pendant un quart d'heure environ.

Tout à coup un bruit lointain se fit entendre.

— Chut ! fit le major, écoute...

C'était le galop d'un cheval.

Un galop rapide, un triple galop, comme on dit, et qui, bruit lointain d'abord, se rapprocha très-vite.

— Écoute bien, répéta le major.

— Oh ! j'entends, répondit le baron.

— Y a-t-il un seul cheval, y en a-t-il deux ?

— Je crois qu'il n'y en a qu'un.

— Moi aussi.

Ils attendirent cinq minutes encore.

Alors ils n'eurent plus de doutes : il n'y avait qu'un cavalier sur la route qui venait du château de l'Orgerelle.

Était-ce Olivier, était-ce Raymond?

La nuit était noire. Le cheval galopait avec furie.

Bientôt il arriva si près de l'abîme qu'un battement de cœur violent s'empara du major et de son complice.

Une minute encore et tout était fini...

Mais en ce moment un éclair brilla, et cet éclair enveloppa d'une auréole le cheval et le cavalier.

Le cheval s'était cabré au bord du précipice!

XXI

Le cavalier que la foudre du ciel et l'instinct de son cheval venaient de sauver d'une mort certaine n'était pas Raymond, comme l'avaient espéré Baptiste et les deux misérables qu'il servait, mais bien M. Olivier de Kermarieuc.

Comment Olivier était-il seul?

Il nous faut, pour l'expliquer, faire un pas en arrière.

Olivier et Raymond, ainsi que Baptiste l'annonça quelques heures plus tard au major, avaient passé sur le pont un peu après cinq heures, et ils s'étaient dirigés, en quittant le valet de chambre de M. Vulpin, tout droit sur le château de l'Orgerelle.

Olivier était charmant de bonne humeur, Raymond soucieux.

— Ah! cher ami, disait Raymond, à mesure que les obstacles s'aplanissent devant moi, je sens mon cœur défaillir.

— Bah! bah! répondit Olivier, je jurerais que tu es aimé...

— Tais-toi!... Ces prophéties-là font mourir lorsqu'elles ne se réalisent point...

— La mienne se réalisera.

— Raymond hocha la tête.

— Mais je n'ai pas de nom! fit-il.

— Eh bien! quand elle t'aura dit qu'elle t'aime, nous t'en trouverons un.

— Que veux-tu dire?

— Je chercherai cet homme qui s'appelle, dis-tu, le major Samuel.

— Et puis?

— Et nous lui donnerons cent mille francs pour qu'il parle!

— Mais... où le retrouver?

— Bah! dit Olivier avec une forfanterie chevaleresque, la terre n'est pas si grande!...

Puis, comme Raymond était toujours rêveur.

— Donne donc un coup d'éperon à ton cheval, poursuivit Olivier. Il ne faut pas nous faire attendre. Ce serait une faute impardonnable.

Les deux jeunes gens prirent le galop.

Le chemin qu'ils suivaient était une longue *coulée* pratiquée dans la forêt; au bout de cette coulée apparaissaient les clochetons et les tourelles ardoisées de l'Orgerelle.

Tout à coup un cavalier se montra au milieu de

la coulée, à cent mètres de Raymond et d'Olivier.

— Tiens! dit ce dernier, voilà M. de Saunières qui vient à notre rencontre. On n'est vraiment pas plus courtois.

C'était, en effet, le jeune baron.

Il salua les deux jeunes gens et leur dit en riant :

— Vous voyez que j'ai une police bien faite, puisque j'ai su que vous deviez venir à l'Orgerelle par le chemin des ruines.

— En effet, dit Olivier, vous êtes fort bien renseigné, monsieur.

— Et savez-vous quel est mon espion?

— Ma foi! non.

— Une longue-vue que je braque sur une tour de l'Orgerelle. Je vous ai vu passer sur le *vieux pont*.

— Ah!

— Et je suis venu à votre rencontre, ajouta le baron, par courtoisie d'abord, et un peu par intérêt ensuite.

Olivier regarda le baron d'un air curieux.

Celui-ci reprit :

— Mon cher ambassadeur, vous allez bien me permettre, je suppose, un moment d'entretien avec M. Raymond, votre ami.

— Oh! certes! dit Olivier, voulez-vous que je prenne un temps de galop?

— Comme il vous plaira. Seulement, attendez-nous à la grille.

— Convenu! dit Olivier, qui poussa son cheval, tandis que M. de Saunières rangeait le sien côte à côte de celui de Raymond.

Raymond était un peu étourdi de cette proposition d'entretien à brûle-pourpoint.

Mais M. de Saunières se hâta de lui dire :

— Rassurez-vous, monsieur, ce dont j'ai à vous entretenir n'a rien d'alarmant.

Raymond se pencha sur sa selle et prit une attitude attentive.

— Monsieur, reprit le baron, mademoiselle Blanche de Guérigny, que vous aimez, est ma cousine au second degré.

— Je le sais, monsieur.

— Sa mère ignore, j'en suis certain, l'amour qu'elle vous a inspiré...

— Monsieur, interrompit Raymond, permettez-moi quelques mots : Quand j'ai rencontré mademoiselle Blanche de Guérigny, j'étais un homme désespéré ; j'allais quitter la France, l'Europe, m'expatrier pour toujours. Je ne suis point parti ; je me suis rattaché à la vie tout à coup. C'est vous dire que cet amour est immense.

— Je l'avais deviné à votre accent ému, dit simplement le baron.

Et il poursuivit :

— Je vous disais donc que Blanche était ma cousine et que sa mère ignorait...

— Comme elle doit l'ignorer elle-même, interrompit Raymond.

— Vous vous trompez, monsieur.

Raymond devint pâle et son cœur battit plus vite.

— Blanche sait que vous l'aimez..., et... elle vous aime, acheva le baron en souriant.

Raymond chancela sur sa selle.

— Eh bien ! monsieur, continua M. de Saunières,

vous vous croyez bien avancé, n'est-ce pas, parce que Blanche vous aime et que moi, son cousin, je me dévoue au rôle de confident actif ?...

— Mais, monsieur..., balbutia Raymond tout tremblant.

— Il n'en est rien, monsieur, et des abîmes vous séparent, provisoirement, du moins, de mademoiselle de Guérigny.

Raymond eut froid au cœur. Il crut que le baron faisait allusion à sa naissance mystérieuse.

Le baron continua :

— Figurez-vous que la fortune de ma cousine et la mienne sont à peu près égales, et que nos deux familles avaient songé à les réunir.

— Ah! murmura Raymond pâlissant.

— Rassurez-vous, monsieur. Blanche et moi, nous nous aimons simplement comme frère et sœur. Blanche est trop riche pour moi, je suis trop riche pour elle. Blanche vous aime..., et moi, murmura tout bas le jeune homme, je ne suis peut-être déjà plus maître de mon cœur...

Raymond tressaillit.

Raoul continua :

— Le projet de nos deux familles n'en existe pas moins, monsieur. C'est dans le but de préparer cette union que la marquise de Guérigny a amené sa fille à l'Orgerelle, après s'être concertée avec ma mère.

Ni la marquise, ni madame de Saunières ne soupçonnent la vérité, et ce ne sera point en un jour que nous pourrons les y préparer. Je suis donc venu à votre rencontre, monsieur, pour vous supplier d'être, ce soir, d'une réserve et d'une circonspection extrêmes.

— Ah! monsieur..., fit Raymond, pouvez-vous en douter?

— J'ai fait les mêmes recommandations à ma cousine... Cependant, ajouta M. de Saunières en souriant, je vous ai ménagé, pour ce soir, quelques moments de tête-à-tête.

Raymond leva sur le jeune homme un regard plein de gratitude.

— Hé! monsieur Olivier? cria le baron au jeune Breton qui caracolait à trente ou quarante pas en avant.

Olivier fit volte-face et revint vers les deux jeunes gens.

— Quel chemin comptez-vous prendre ce soir? demanda Raoul.

— Pour retourner à Bois-Lambert?

— Oui.

— Le chemin de la Cigogne, parbleu! Les ruines sont belles au clair de lune.

Raoul se mit à rire.

— D'abord, dit-il, regardez-moi le ciel, là-bas au couchant.

— Eh bien?

— Il est déjà noir. Le clair de lune fera défaut.

— Bon! Alors je verrai les ruines à la lueur des éclairs.

— Soit. Mais vous les verrez seul.

— Comment cela?

— M. Raymond, votre ami, a, ce soir, quelque chose de mieux à faire.

— Vraiment?

— Et, tenez, dit le baron, votre idée de retourner à Bois-Lambert par les ruines me plaît.

— Pourquoi?

— C'est ce que vous verrez ce soir... Fiez-vous à ma sagesse.

En disant cela, le baron, qui était arrivé à la grille du parc de l'Orgerelle, appela :

— Antoine? Antoine?

L'homme ainsi interpellé était un aide-jardinier qui taillait des arbres dans le parc et s'empressa de venir ouvrir la grille.

— Entrez, messieurs, dit courtoisement le baron de Saunières.

XXII

M. le baron Raoul de Saunières avait probablement fait à mademoiselle Blanche de Guérigny les mêmes recommandations qu'à Raymond, car l'entrevue au salon fut d'une réserve presque glaciale.

Ni le marquise, ni madame de Saunières ne purent supposer un moment la moindre intelligence morale entre Blanche et Raymond.

Le dîner fut cordial, sans trop d'intimité.

Après le café, on passa au salon, et Olivier fit un whist avec madame de Saunières et la marquise.

Raoul en profita pour s'approcher de sa cousine, laissant madame de Bertaut causer avec Raymond.

Ils échangèrent quelques mots à voix basse ; puis Raoul alla se placer derrière sa mère et suivit un moment sa partie du regard.

— Mon cousin, dit alors Blanche de Guérigny, voulez-vous nous conduire faire un tour sur l'étang?

— Volontiers, répondit Raoul.

Et il se tourna vers Raymond.

— Monsieur, lui dit-il, vous aimez les paysages pittoresques, m'avez-vous dit?

— Oui, monsieur.

— Si vous voulez nous accompagner, je vous montrerai un effet de nuit sur l'étang.

— Avec plaisir, monsieur, répliqua Raymond, qui commençait à comprendre le plan de Raoul de Saunières.

— Moi, dit Olivier en se tournant vers le baron, je vous demanderai la permission d'aller voir les ruines de la Cigogne.

— Comme il vous plaira, répondit Raoul.

Et il offrit le bras à sa cousine.

Raymond prit congé de madame de Saunières et de la marquise, et donna, pour sortir, la main à madame de Bertaut.

Le baron avait fait avancer la grande barque devant le perron du jardin.

— Monsieur, dit-il à Raymond, je vais envoyer votre cheval de l'autre côté de l'étang, à l'endroit où passe la route qui mène à Bois-Lambert.

L'étang a près d'une demi-lieue, et, de l'autre côté, vous apercevrez le village.

La barque avait un gouvernail et deux avirons.

Madame de Bertaut se plaça à l'arrière, Raoul prit les deux avirons.

Blanche et Raymond s'étaient assis auprès l'un de l'autre.

Les deux amoureux occupaient le milieu de la barque.

La barque était assez longue ; elle avait la dimension de ce genre d'embarcation qu'on nomme un *chaland*.

Madame de Bertaut à l'arrière et Raoul de Saunières en avant étaient donc assez loin l'un et l'autre de mademoiselle de Guérigny et de Raymond pour que, si ces derniers causaient à mi-voix, il leur fût impossible d'entendre ce qu'ils diraient.

Blanche et Raymond le comprirent parfaitement.

Aussi, lorsque la barque fut en mouvement et glissa sur la surface du petit lac, Raymond, qui s'était enhardi, se pencha vers Blanche et lui dit tout bas :

— Me pardonnez-vous mon audace, mademoiselle ?

Blanche tressaillit. Cependant, comme elle s'attendait, sans doute, à ces paroles, elle répliqua :

— Il est certain, monsieur, qu'il vous serait impossible d'affirmer que c'est le hasard seul qui, après vous avoir placé sur mon chemin au bois de Boulogne, vous a amené d'abord dans cette forêt, où je vous ai dû la vie, et ensuite dans ce château où vous avez reçu ce soir l'hospitalité.

— Vous avez raison, mademoiselle, reprit Raymond, j'ai osé aider le hasard qui ne me servait point à mon gré.

— Ah ! vous en convenez ?

— J'en conviens.

— Eh bien ! dit la jeune fille avec une franchise charmante, j'aime cet aveu, et puisque vous êtes sans détours, je le serai tout comme vous.

Ces paroles allèrent droit au cœur de Raymond.

— Vous êtes un ange de bonté, murmura-t-il.

Blanche reprit :

— Je ne sais qui vous êtes, monsieur, et je ne veux pas le savoir aujourd'hui.

— Mais, mademoiselle...

— Chut !... Écoutez-moi...

— J'attends, dit humblement Raymond.

— Je ne veux pas savoir, répéta-t-elle, aujourd'hui, du moins, qui vous êtes ; vous me le direz plus tard... Mais je veux savoir une seule chose ; répondez-moi franchement.

— Parlez, mademoiselle.

— Quand vous m'avez rencontrée au bois, me connaissiez-vous ?

— Non.

— Vous ignoriez qui j'étais ?

— Je vous le jure.

— Et c'est depuis lors...

— C'est depuis lors, murmura Raymond avec un accent dont l'émotion garantissait la sincérité, c'est depuis lors que... je vous aime !

— Chut ! fit-elle. Vous allez un peu vite, monsieur Raymond... Tiens ! c'est un fort joli prénom, Raymond.

Le jeune homme tressaillit et un nuage passa sur son front.

Blanche reprit :

— Mais vous savez que ma mère et la baronne de Saunières ont un projet en tête.

— M. Raoul m'en a parlé.

— Or, pour les faire renoncer à ce projet, et pour que mon cousin et moi nous en arrivions tout doucement à nos fins, il faut beaucoup de ménagements et de prudence. Vous l'avez vu, monsieur, ajouta la jeune fille avec tristesse, ma mère est malade sérieusement ; les émotions trop vives pourraient aggraver sa situation... Me comprenez-vous?

— Oh! oui, mademoiselle...

— Donc, vous ne reviendrez ici que dans trois jours.

— C'est bien long!

Blanche eut un sourire délicieux en regardant le jeune homme.

— La patience, dit-elle, est la vertu des vrais chevaliers.

En ce moment, la barque atteignit la rive opposée de l'étang.

— Dans trois jours, répéta Blanche tout bas. Adieu, monsieur...

Raymond, tout étourdi de son bonheur, sauta sur la berge après avoir salué madame de Bertaut et serré la main de M. de Saunières.

Un domestique du château était à quelques pas, tenant en main le cheval de Raymond.

Le jeune homme sauta en selle et lança son cheval au galop.

La barque demeura quelque temps immobile. Blanche écouta, toute frémissante, le galop du cheval, dont le bruit s'affaiblissait dans l'espace...

Puis M. de Saunières donna un coup d'aviron, le chaland vira de bord et glissa de nouveau vers le château de l'Orgerelle.

. . . .

Le lendemain de bonne heure, Blanche de Guérigny et madame de Bertaut descendirent dans le parc.

Blanche était un peu pâle, elle avait mal dormi.

Madame de Bertaut la regardait souriante, et pensait :

— La pauvre enfant brûle de me faire des confidences...

Et, en effet, Blanche ne s'était levée d'aussi grand matin, elle n'avait proposé à sa dame de compagnie cette promenade dans le parc que pour causer librement de Raymond.

Et, certes, l'heure des confidences était proche, lorsqu'un troisième personnage se montra au bout de l'avenue.

C'était un ecclésiastique qui s'avançait lentement vers les deux jeunes femmes et les salua avec respect.

XXIII

Il y a dans le Morvan, non loin de Chastellux, et tout près du château de l'Orgerelle, un couvent fameux qui porte le nom de la *Pierre-qui-vire*.

C'est une communauté de moines mendiants.

Or, le personnage qui s'avançait à la rencontre de mademoiselle de Guérigny dans la grande allée du parc, avait emprunté le costume de cet ordre.

Il vint droit aux deux jeunes femmes et les salua avec respect, leur disant :

— Quelle est celle de vous, mesdames, qui se nomme la marquise de Guérigny ?

— Mon père, répondit Blanche, je suis mademoiselle de Guérigny, et voilà madame de Bertaut. Si vous désirez voir ma mère...

— Vous êtes mademoiselle de Guérigny ? fit le moine, qui manifesta un vif sentiment de joie.

— Oui, mon père.

— Oh ! alors, reprit le religieux, je n'ai nul besoin de voir madame la marquise.

— D'autant, fit Blanche en souriant, que j'ai dans mes attributions le département des bonnes œuvres.

Et Blanche prit sa bourse à travers les mailles de laquelle étincelaient quelques pièces d'or.

Mais le moine l'arrêta d'un geste.

— Vous vous trompez, mademoiselle, dit-il, je ne viens point vous solliciter pour mon couvent.

— Ah ! fit Blanche étonnée.

— Je suis chargé d'une mission bien autrement importante, poursuivit le religieux, qui prit un air austère.

— Je vous écoute, mon père, dit la jeune fille.

Mais le moine paraissait hésiter.

— C'est que, fit-il, c'est un secret important que j'ai à vous confier.

— Suis-je de trop ? demanda madame de Bertaut.

— Je ne puis, reprit le moine, parler devant une autre personne que mademoiselle ou sa mère.

— Eh bien ! répondit la jeune veuve, je vous laisse avec ce bon père, Blanche. Vous me retrouverez dans ma chambre.

— Soit, dit Blanche, qui regardait le religieux avec un sentiment de curiosité inquiète.

C'était un homme aux cheveux grisonnants; il

était de haute taille, avait une figure longue, austère et plutôt militaire que monacale.

Blanche ne voulut point s'éloigner avec lui. Elle alla s'asseoir sur un banc, à cent mètres environ du château, afin de demeurer bien en vue.

Puis elle dit au moine :

— Maintenant, mon père, vous pouvez parler, je vous écoute...

Pendant ce temps, madame de Bertaut, non moins intriguée, remontait dans sa chambre.

Il n'était guère alors que huit heures du matin. Madame de Saunières et la marquise de Guérigny étaient encore au lit.

On n'avait point vu Raoul. Sans doute, il était à la chasse.

Madame de Bertaut s'enferma dans sa chambre ; mais elle alla s'asseoir auprès de la croisée, écarta le rideau à demi et regarda dans le parc.

Le moine se tenait debout devant mademoiselle de Guérigny, qui paraissait l'écouter avec une grande attention.

— Que peut-il avoir à lui dire ? pensait madame de Bertaut, qui vit, à un certain moment, Blanche se lever à demi et laisser échapper un geste de surprise.

Mais l'attention de madame de Bertaut fut soudain détournée par deux petits coups frappés à sa porte.

— Entrez ! dit-elle.

La porte s'ouvrit, et M. Raoul de Saunières pénétra dans la chambre de la veuve.

Raoul était un peu pâle et semblait en proie à une émotion mal contenue.

— Comment! monsieur le baron, dit la veuve, vous n'êtes point à la chasse?

— Non, madame.

— Mais c'est extraordinaire!

— Peut-être...

— Et, dit la veuve avec enjouement, qui me vaut l'honneur de votre visite?

— Le motif qui m'empêche de chasser ce matin, madame.

— En vérité! Et ce motif, je vais le connaître, sans doute?

— Certainement. Je désire causer quelques instants avec vous.

— Ah! fit madame de Bertaut souriant, je devine quel va être le sujet de notre conversation, monsieur. Vous allez me parler de votre cousine et de son bel amoureux...

— D'abord.

— Savez-vous, continua la veuve, que nous jouons, vous et moi, un rôle qui pourrait bien indisposer sérieusement la marquise de Guérigny et madame la baronne, votre mère?

— Pourquoi? fit Raoul.

— Mais parce que ces dames sont loin de supposer la vérité.

— Il faudra, dit Raoul, qu'elles l'apprennent un jour.

— Mais ce sera une déception complète?

— Pour madame de Guérigny, c'est possible.

— Comment! vous pensez que madame votre mère...?

— Ma mère trouvera bien ce que je ferai, soyez-en sûre..., et la femme que j'aimerai sera la bru de son choix.

— Mais, dit madame de Bertaut, qui éprouva un vague et subit malaise, il me semble que cette bru est encore à trouver...

— Qui sait? fit le jeune homme avec émotion.

Et il s'assit auprès de la veuve; car, jusque-là, il était demeuré debout, son chapeau à la main.

— Je suis un peu comme ma cousine, reprit-il, j'ai sur le mariage des idées à moi.

— Vraiment? fit madame de Bertaut.

— Je suis riche : je ne veux épouser que la femme qui, à première vue, aura fait battre mon cœur.

— Mais, monsieur, dit madame de Bertaut, ceci ne se rencontre que dans les romans.

— Vous croyez?

— Oh! j'en suis sûre...

— Cependant, voyez ma cousine...

— C'est que Blanche est une petite tête folle...

M. de Saunières hocha la tête, puis, avec un sourire mélancolique, il reprit :

— Je connais, moi, une pauvre veuve, aussi vertueuse que belle, aussi bonne qu'intelligente...

Madame de Bertaut tressaillit.

— Et comme mon cœur s'est pris à battre, poursuivit Raoul avec émotion, du jour où je l'ai vue pour la première fois...

Madame de Bertaut tressaillit.

— Je me suis pris à faire un rêve, poursuivit Raoul avec émotion, un rêve de bonheur et d'avenir. J'ai songé à me mettre à ses genoux et à lui dire : Est-ce que vous ne voudriez pas me permettre de passer ma vie à vos pieds ? — est-ce que vous refuseriez d'accepter mon nom, et ne partageriez-vous point avec moi cette fortune dont, seul, je n'ai que faire ?...

Et comme il disait cela, Raoul se laissa glisser de son siége, fléchit un genou, prit la main de la veuve dans les siennes, la porta à ses lèvres et murmura :

— Mais vous n'avez donc pas vu, madame, que je vous aimais ?...

Madame de Bertaut poussa un cri et cacha son visage rougissant dans ses deux mains.

. . . .

XXIV

Quel était donc ce moine de la *Pierre-qui-vire*, et qu'avait-il donc de si important à dire à mademoiselle de Guérigny ?

Il nous faut, pour le savoir, nous transporter au village de Cerizay et rétrograder de quelques heures.

Le maître de l'unique auberge du pays venait de se lever. Il était quatre heures du matin ; le jour ne paraissait point encore.

L'aubergiste était un brave homme de paysan qui s'occupait beaucoup plus de ses vignes et de son blé que des gens qui logeaient chez lui.

Le major et le petit baron s'étaient donnés pour des marchands de bois. Ils payaient bien et buvaient sec ; c'était tout ce qu'il lui fallait, et il ne s'était pas préoccupé d'eux davantage.

Or, après s'être levé, il avait allumé son feu, puis il était allé donner à manger à ses chevaux, tandis que le major et le petit baron sortaient du lit et venaient se chauffer.

— Sais-tu, disait le major, que nous ne sommes pas plus avancés que le premier jour?

— Dame !

— Cet imbécile de Baptiste a déployé toute son intelligence à faire sauter le pont du ravin, et cela en pure perte.

D'abord ce n'était pas Raymond qui arrivait au galop...

— Et ensuite, dit le petit baron, le cavalier en a été quitte pour la peur. Le cheval s'est cabré, a fait volte-face et a repris le chemin qu'il venait de suivre. M. Olivier aura eu simplement une bonne trotte à faire pour retourner à Bois-Lambert. Si Baptiste ne trouve pas un nouveau moyen de se débarrasser de Raymond...

— Tout est perdu, dit froidement le major, — à moins que je ne voie mademoiselle de Guérigny aujourd'hui même.

— Pourquoi?

— J'ai mon idée, dit le major.

Et il se frappa le front.

— Oh ! fit-il, je donnerais je ne sais quoi pour avoir un déguisement convenable à la circonstance...

Tandis que le major parlait de déguisement, on entendit dans la rue le pas d'un mulet, et derrière le mulet une voix nasillarde qui disait :

— N'oubliez pas le couvent de la *Pierre-qui-vire*.

Le major alla se placer sur le seuil, et, aux premières lueurs de l'aube, il aperçut le frère quêteur du couvent.

— Vous commencez votre tournée de bon matin, mon père, lui dit le major en le saluant, tandis que le mulet qui, sans doute, en avait l'habitude, s'arrêtait devant la porte de l'auberge.

Le moine rendit le salut.

— Vous vous trompez, monsieur, dit-il, je ne commence pas ma tournée, je la finis, au contraire.

— Comment! vous quêtez la nuit?

— Pas précisément; mais je viens d'Auxerre, et j'ai voyagé toute la nuit à pied, derrière mon mulet. Nous sommes aussi las l'un que l'autre.

— Voilà pour votre couvent, dit le major en lui donnant cent sous.

Le moine tendit son aumônière et répondit :

— Dieu vous le rende !

— Entrez donc ! mon frère, reprit le major, vous prendrez un air de feu et vous boirez un coup.

— Ce n'est point de refus, dit le moine.

Il attacha son mulet à un anneau de fer scellé dans le mur, puis il entra dans la cuisine et s'assit au coin de la cheminée, non sans avoir regardé curieusement le major et son compagnon.

— Vous êtes voyageurs, messieurs? fit-il.

— Nous venons acheter du bois et du charbon, répondit le major.

Le moine salua de nouveau.

— Votre couvent est-il encore bien loin d'ici? reprit le major.

— Trois grandes lieues et de mauvais chemins.

— Pauvre bête! dit le major, jetant par la porte entr'ouverte un regard au mulet, un peu d'avoine lui ferait grand bien...

— C'est vrai, dit le moine.

— Et vous, mon frère, si vous dormiez une heure ou deux, après avoir bu un coup et cassé une croûte?...

— Ah! dame!... fit le moine.

— C'est nous qui payons, ajouta le major.

Et comme l'aubergiste rentrait :

— Hé! le bourgeois, continua-t-il, servez-nous donc un morceau de lard, du bon vin et une goutte de fine eau-de-vie. En même temps vous mettrez ce mulet à l'écurie.

L'aubergiste, qui donnait à peine, de loin en loin, une croûte de pain pour le couvent, comprit que les marchands de bois payaient; et, dès lors, il n'eut aucune objection à faire.

Il mit le mulet à l'écurie, dressa la table, fit chauffer une soupe au lard cuite de la veille, et alla tirer de son meilleur vin.

Pendant ces préparatifs, le major s'adressait cet aparté :

— Voilà un gaillard qui est juste de ma taille. Sa soutane m'ira comme un gant! Le difficile serait de l'avoir; en toute autre circonstance...; mais je suis un homme de précaution, et je ne voyage jamais sans ma *petite pharmacie.*

Ce que le major désignait ainsi était une boîte carrée dans laquelle se trouvaient différentes fioles, une entre autres qui contenait du laudanum.

Le major remonta dans sa chambre une minute,

prit cette fiole et revint s'asseoir auprès du moine.

Le feu petillait, la table était mise. Le pauvre religieux, qui était transi, se réchauffait peu à peu; il avait faim et mangea de bon appétit, il avait soif et but à longs traits.

L'aubergiste s'en était allé labourer, laissant les prétendus marchands de bois maîtres de la maison.

— Maintenant, dit le major au religieux, lorsqu'il eut terminé son repas, jetez-vous donc sur mon lit, mon frère, vous dormirez quelques heures.

Le religieux se leva en chancelant :

— C'est singulier ! dit-il, ce petit vin que nous avons bu casse la tête... quand on n'y est pas habitué.

Et il se jeta tout vêtu sur le lit du major, et quelques minutes après il dormait d'un profond sommeil.

— Allons ! vite, dit alors le major au petit baron, dépêchons-nous.

— Hein?

— Déshabillons ce pauvre diable.

— Pourquoi faire?

— Tu le sauras plus tard.

— Mais s'il se réveille?

— Oh ! pas de danger. J'ai versé trois gouttes de laudanum dans son verre, tandis qu'il tournait la tête. Le canon d'une citadelle ne le réveillerait pas...

Et le major dépouilla le religieux de sa soutane, puis il s'en revêtit.

— Mais que faites-vous donc là ? s'écria le petit baron.

— Je me déguise en moine.
— Dans quel but ?
— Je vais faire une visite.
— A qui ?
— A mademoiselle de Guérigny.

Et lorsqu'il se fut ainsi métamorphosé, le major, sans vouloir s'expliquer davantage, se sauva par le jardin de l'auberge, afin de ne pas traverser le village, gagna les bois, le chemin de l'Orgerelle, et arriva dans le parc du château, où nous l'avons vu aborder Blanche de Guérigny.

. . . .

Le major, dont Blanche ne révoqua pas un seul instant en doute le caractère religieux, était, disait-il, chargé de faire appel à la loyauté de la jeune fille pour réparer une injustice.

Et il raconta successivement à mademoiselle de Guérigny l'histoire de Jeanne l'aveugle et celle de Raymond ; seulement, dans son récit, il omit le nom de ce dernier, prétendant qu'il l'ignorait.

Jeanne, disait-il, vivait avec son fils, à Paris, dans la plus affreuse misère.

Et lorsque le major eut fini, Blanche s'écria :

— Mais le fils de Jeanne l'aveugle, c'est aussi le fils de mon oncle, le duc de C... ?

— Oui, mademoiselle.

— Et la fortune dont je jouis....., c'est la sienne !...

— Pas tout à fait, dit hypocritement le major. Votre oncle n'a pas épousé Jeanne l'aveugle.

— Oh ! qu'importe ! dit-elle. C'est son fils..., et je lui rendrai cette fortune ! Attendez-moi là, mon père, attendez-moi un moment...; il faut que justice soit faite !...

Et Blanche de Guérigny, toute bouleversée, monta chez sa mère en toute hâte, murmurant :

— Ce soir même, je pars pour Paris !

XXV

Olivier de Kermarieuc et son ami Raymond causaient fort tranquillement le lendemain du jour où ils avaient dîné au château de l'Orgerelle.

Raymond, ivre de bonheur, racontait à son ami le doux entretien qu'il avait eu avec Blanche de Guérigny.

— Ah! mon ami, disait-il, combien je suis rajeuni depuis hier!... combien je suis heureux! et comme le passé, ce passé hideux qui m'a fait douter un moment de l'amitié et de l'amour, se trouve maintenant loin de moi!

— Eh! parbleu! mon cher ami, répondait Olivier, ne sais-tu pas que le chaînon de la vie est forgé d'une maille de fatalité et d'une maille de bonheur? Tu as commencé par l'une, il est juste que tu finisses par l'autre.

Cependant Raymond secoua la tête d'un air de doute :

— Eh! qui sait? dit-il, s'il n'y a pas un troisième anneau à ce chaînon dont tu parles ?

— Bah!

— Tu sais bien que le sentiment distinctif du bonheur, c'est la crainte.

— Soit, tremble tant que tu voudras, dit Olivier en riant; mais moi, j'ai de bonnes raisons pour croire que tu es en veine...

— Hein? fit Raymond surpris.

— Voyons! as-tu un peu ta tête à toi, es-tu capable de m'écouter sans m'interrompre à chaque minute pour murmurer le nom de Blanche?

— Mais oui,... parle...

— Eh bien! tu as échappé hier à une catastrophe.

— Moi?

— Toi, cher ami.

— Comment cela?

— Le baron, en te ménageant un tête-à-tête dans la barque avec mademoiselle de Guérigny t'a, sans le vouloir, préservé d'une mort à peu près certaine.

Raymond regarda son ami avec un étonnement profond.

— Tu sais que je suis sorti à cheval ce matin?

— Sans doute; et j'ai trouvé léger que tu ne m'aies point prié de t'accompagner.

— J'avais mes raisons.

— Ah!...

— D'abord tu dormais. Le sommeil d'un amoureux est sacré comme le sommeil d'un roi. L'amour est un royaume à l'abri des révolutions. Ensuite je voulais me rendre compte de mon aventure d'hier soir...

— Quelle aventure?

— Ah! tu vas voir... Figure-toi que je suis parti de l'Orgerelle par le chemin des ruines?

— Oui. Eh bien?

— Te souviens-tu du pont sur lequel nous avions passé en allant ?

— Oui, certes.

— Eh bien ! la nuit était noire, mon cheval galopait ; je n'étais plus qu'à deux pas du pont, lorsque le ciel s'est entr'ouvert et a vomi un éclair.

Mon cheval s'est cabré, — non pas d'épouvante, comme tu pourrais le croire, mais pour ne point rouler dans le précipice.

— Comment le précipice ?

— Eh ! oui... Tandis que nous dînions tranquillement au château de l'Orgerelle, le pont s'est écroulé dans le ravin.

— Mais c'est impossible ! s'écria Victor.

— C'est impossible, mais vrai. Les événements vraisemblables sont généralement faux.

— Mais un pont ne s'écroule pas sans avoir menacé ruines...

— Tu vois bien le contraire ! mon cheval a volté rapidement, et, grâce à cette manœuvre, nous avons été sains et saufs, lui et moi. Alors je suis redescendu jusqu'à l'endroit où le chemin de l'Orgerelle croise la route et je suis revenu à Bois-Lambert.

— Je me suis même étonné, observa Raymond, de te voir arriver après moi !...

— Et je t'ai répondu que j'avais fumé un cigare dans la ruine..., je ne voulais pas troubler ta félicité.

— Et ce matin tu es allé revoir le pont écroulé ?

— Oui, je te jure que si j'étais tombé dans le ravin, je ne me serais pas relevé.

— Bon ! dit Raymond, tout frissonnant à la pensée du danger qu'avait couru son ami ; mais puisque ton cheval s'est cabré, le mien se serait cabré pareillement, je ne vois pas où j'ai eu tant de bonheur...

— Ton cheval, — Baptiste me l'a confessé ce matin, — a peur de la foudre.

— Ah! c'est juste! il s'est emporté hier soir dans la forêt.

— Eh bien! suppose qu'il se soit emporté près du pont...

— C'est vrai, dit Raymond avec un sourire mélancolique. — Je suis un homme heureux..., pourvu que cela dure!

Les deux jeunes gens se promenaient, en causant ainsi, sur le bord de la route qui, en cet endroit, traversait la forêt.

Tout à coup ils entendirent le bruit d'une voiture et se retournèrent.

Ils aperçurent un breack à deux chevaux qui arrivait bon train sur eux et venait du côté de l'Orgerelle.

— Eh! c'est M. de Saunières! dit Olivier qui avait l'œil perçant.

C'était, en effet, Raoul qui, conduisant lui-même, arrivait au grand trot de deux vigoureux percherons en harnais de poste.

Son groom était à côté de lui les bras croisés.

— Eh! mon Dieu! baron, lui cria Olivier, tandis que M. de Saunières arrêtait ses chevaux, vous êtes l'homme aimable entre tous.

— Je viens vous voir, répondit M. de Saunières. Tenez, montez ici, près de moi. Vous allez juger de mes trotteurs.

Olivier sauta dans le breack et se tint debout appuyé à la galerie du siége.

Raymond grimpa auprès de M. de Saunières et prit la place du groom qui, sur un signe de son maître, était descendu.

Alors le baron rendit la main à ses chevaux, disant :

— Il est tout à fait inutile de mettre des gens dans ses confidences.

— Vous avez donc une confidence à nous faire ? demanda Olivier en clignant de l'œil.

— Oui, dit M. de Saunières, et une confidence bizarre.

Raymond tressaillit.

— Vous savez, et si vous l'ignorez je vous l'apprends, que ma bonne cousine mademoiselle Blanche de Guérigny est la jeune fille la plus excentrique et la plus gâtée de France et de Navarre.

Raymond et Olivier regardaient le baron.

Celui-ci dit à Raymond :

— Ne vous a-t-elle pas dit, hier soir : Revenez dans trois jours ?

— Oui.

— Eh bien ! je suis chargé de modifier ce rendez-vous.

Raymond eut un battement de cœur.

— Ce n'est plus à l'Orgerelle qu'il aura lieu.

— Hein ? fit Olivier.

— Mais à Paris, dit le baron.

— A Paris !

— Oui, ma cousine est partie ce matin avec sa mère et madame de Bertaut.

Raymond jeta un cri. Olivier demeura stupéfait.

— Elle est partie, reprit M. de Saunières, et ni ma mère, ni moi, ni madame de Bertaut, ni la marquise peut-être, ne savons pourquoi.

— Mais c'est étrange ! s'écria Raymond qui était devenu fort pâle.

Le baron lui prit la main en souriant :

— Rassurez-vous, dit-il, je suis chargé d'un message pour vous. Au moment de monter en voiture, elle m'a dit à l'oreille :

« Vous irez à Bois-Lambert aujourd'hui même, et vous *lui* direz que je ne l'oublie pas et que *nous* nous reverrons à Paris. »

— Mais rien, ce me semble, dit Olivier, ne faisait présager hier ce brusque départ.

— Absolument rien.

— Et... ce matin...

— Oh ! ce matin, j'ai vu arriver dans le parc un moine du couvent voisin. Ce moine a demandé un entretien à ma cousine et, à la suite de cet entretien, elle a décidé son départ.

— Vous n'avez pas couru après le moine ?

— Ma foi ! non. Je n'y ai point songé.

— En sorte que ces dames sont parties ?

— Comme nous partirons demain.

— Ah ! fit Olivier, est-ce que vous allez à Paris, baron ?

— J'y songe très-sérieusement.

Et le baron ajouta en souriant :

— Moi aussi, j'ai affaire à Paris.

Raymond était devenu mélancolique.

— Et puis, dit M. de Saunières en se penchant

vers lui, vous pensez bien que je ne vous abandonne pas...

Il fit tourner ses chevaux et reprit le chemin de Bois-Lambert.

Le groom s'était assis devant la maison sur un carré de cailloux de cantonnier.

M. de Saunières s'arrêta devant la grille :

— Si vous voulez partir demain matin, dit-il, je vous offre une place dans ma voiture jusqu'à Auxerre, où vous prendrez l'express de deux heures et demie.

— Convenu, répondit Olivier.

. . . .

Le lendemain, en effet, M. de Saunières, Raymond et Olivier quittaient le Morvan et prenaient la route de Paris.

XXVI

Trois jours après, Olivier et Raymond fumaient un cigare sur l'asphalte du boulevard Italien.

Il était cinq heures et demie, l'heure de l'absinthe, comme disent les viveurs modernes.

— N'oublions pas, dit Oliver, que le baron nous a donné rendez-vous chez Tortoni.

— Le voilà, répondit Raymond.

M. de Saunières descendait, en effet, d'une voiture de place, et vint à eux les mains ouvertes.

Tous trois s'installèrent à une petite table, devant le glacier à la mode.

— Mon cher ami, dit le baron, je vous apporte

une bonne nouvelle. Voyons! soyez raisonnable.. Vous êtes d'une lâcheté extrême en présence du bonheur. Ne pâlissez pas... ne tremblez pas...

— Mon cher baron, dit Olivier, Raymond est un vrai cœur de poule. Il faut le traiter en conséquence; ne le faites pas mourir de joie et d'incertitude.

— Eh bien! dit M. de Saunières, voici : ma cousine vous attend demain tous deux.

— Comment! moi aussi? dit Olivier.

— A la condition que vous ferez un whist avec la marquise et moi.

— Je comprends.

— Demain, si vous le voulez bien, nous dînerons ensemble au cabaret, et je vous conduirai rue de Babylone vers neuf heures.

— C'est parfait, dit Olivier.

Et regardant Raymond :

— Tu vois bien qu'il ne faut jamais désespérer.

Raymond souriait et son cœur battait bien fort.

— A propos, reprit Olivier, avez-vous fini par savoir le motif de ce départ précipité?

— C'est toujours une énigme pour moi. Seulement, je sais que ma cousine a fait plusieurs courses depuis son arrivée, et que, entre autres personnes, elle a vu son notaire deux fois.

Mais j'espère bien que nous finirons par savoir. D'ailleurs, elle m'a dit ce matin à déjeuner :

« Mon cousin, venez dîner ce soir. J'ai une grave confidence à vous faire. »

— Ah! dit Olivier.

— Et comme il est six heures, messieurs et

chers amis, ajouta le baron, permettez-moi de remonter dans mon fiacre et de prendre le chemin de la rue de Babylone.

Tandis que les trois jeunes gens causaient, ils n'avaient point pris garde à un jeune homme de vingt-sept ou vingt-huit ans, blond, de taille moyenne, mis avec une certaine distinction, et qui avait écouté leur conversation.

— Allons-nous dîner ? dit Olivier.

— Soit ! répondit Raymond, qui avait coutume de vouloir tout ce que voulait son ami.

Olivier le prit par le bras et l'entraîna à la Maison-d'Or.

Ils entrèrent dans le petit salon jaune et prirent possession de la dernière table vacante.

A peine étaient-ils installés que le jeune homme blond de chez Tortoni entra à son tour.

— Monsieur, lui dit le garçon, si vous voulez attendre deux minutes, vous allez avoir une table. Il y a des messieurs là-bas qui m'ont demandé l'addition.

Le jeune homme blond s'adossa tranquillement à la cheminée, prit une attitude assez insolente et se mit à regarder Olivier et Raymond, qui, d'ailleurs, n'avaient fait aucune attention à lui.

— Je parie, dit alors Olivier, que c'est la première fois que tu viens à la Maison-d'Or depuis ta rupture avec Maxime et Antonia.

— C'est vrai.

— N'as-tu pas eu quelques battements de cœur en entrant?

— Aucuns.

— Ainsi tu ne la regrettes pas?

— Qui donc ? Antonia ?

Et Raymond eut un sourire de mépris.

— Oh ! dit Olivier en riant, crois bien que c'est uniquement pour la forme que je te fais cette question.

— Je l'espère. Ah ! mon ami, ajouta Raymond, quelle horrible créature que cette Antonia !...

— Garçon ! dit à voix haute le jeune homme blond adossé à la cheminée.

Cette interpellation attira l'attention de Raymond et d'Olivier, qui, tous deux, le regardèrent un peu surpris.

Le garçon s'approcha.

Alors, avec une suprême insolence, s'adressant toujours au garçon, mais désignant du bout du doigt :

— Demandez donc à ce monsieur, dit-il, de quelle Antonia il veut parler.

Raymond pâlit de colère et se leva à demi, tandis qu'Olivier demeurait stupéfait.

— Garçon, répondit Raymond, dites donc à ce monsieur que je n'ai pas l'honneur de le connaître..., et que je ne lui dois aucune explication.

— Ah ! ah ! dit le jeune homme blond...

Et il fit mine d'ôter un de ses gants.

Mais Olivier bondit par-dessus la table, lui saisit le bras avec sa vigueur musculaire de Breton et lui dit :

— Ne bougez pas, ou je vous étrangle !... Si vous ôtez votre gant, vous êtes mort !...

— Laisse donc, Olivier, dit Raymond ; c'est moi que monsieur a insulté, c'est moi que cela regarde.

Et Raymond s'avança à son tour :

— Monsieur, dit-il au jeune homme blond, votre mise fait supposer chez vous quelque éducation. Entre gens bien élevés on ne se jette point des gants au visage. Je tiens le vôtre pour reçu.

— C'est bien, dit le jeune homme.

— Votre heure ? demanda Olivier.

— Demain, sept heures.

— Où ?

— Au bois, derrière Armenonville.

— C'est bien, j'y serai.

Et le jeune homme blond jeta sa carte sur la table et sortit en saluant.

Raymond prit cette carte et laissa échapper un cri de surprise.

— Tiens ! dit-il, un homonyme !

— C'est ma foi vrai ! dit Olivier.

La carte portait ce seul nom :

MONSIEUR RAYMOND.

— Voilà qui est bizarre !... murmura Raymond en souriant.

. . . .

Cependant le jeune homme blond avait quitté la Maison-d'Or, et, d'un pas rapide, il descendit la rue Taitbout.

Au moment où il traversait la rue de Provence, il aperçut un homme qui venait à lui sur le même trottoir.

C'était le major Samuel.

Le petit baron, — car on a deviné que c'était lui, — l'aborda en lui disant :

— Je me bats demain.

— Avec qui?

— Avec *lui*, parbleu!

Le major étouffa un juron.

— Es-tu bête? dit-il. Je t'avais pourtant dit ce matin que je trouverais quelqu'un pour nous rendre ce service.

— Oui, mais la situation était pressante.

— Que veux-tu dire?

— J'étais à Tortoni, derrière eux...

— Qui, eux?

— *Lui*, puis son ami, ce damné Breton et le baron.

— Ah! ils ont revu le baron.

— Oui.

— Eh bien?

— Eh bien! le baron leur apportait une invitation pour demain.

— Chez la marquise?

— Oui.

— Diable!

— Vous comprenez donc, major, que je n'avais pas à hésiter. Si Raymond et Blanche se voient, tout est perdu.

— C'est juste. Tu as bien fait.

— Je le tuerai demain matin.

— Ou il te tuera...

— Bah! fit le petit baron avec résolution, vous savez bien que je suis un assez bon tireur, major.

— Et puis, ajouta le major, je vais t'indiquer un endroit où, ce soir, on te donnera une leçon de pistolet.

— Où donc?

— Rue Rochechouart.

— Est-ce qu'il y a un tir là, major?

— Non. Mais le portier du n° 41, un ancien prévôt de régiment, sait une façon de viser terrible...

— Et il la montre au premier venu?

— Oui, avec un jeton de vingt-cinq louis.

— Bah! dit le petit baron en riant, la fortune que mademoiselle de Guérigny est en train de nous restituer, nous permet de faire quelques folies.

Puis il prit le bras du major.

— Allons dîner dans quelque coin, où nous puissions causer, dit-il.

Après j'irai étudier le coup qui doit tuer mon rival...

Et tous deux gagnèrent la rue Saint-Lazare et un petit restaurant qui se trouve dans le passage du Havre.

Là, ils s'enfermèrent dans un cabinet et continuèrent à causer.

XXVII

Revenons sur nos pas, afin d'expliquer cette parole du petit baron : Mademoiselle de Guérigny va nous rendre un héritage...

Lorsqu'elle eut reçu la visite de celui qu'elle prenait pour un moine de la *Pierre-qui-vire*, mademoiselle de Guérigny tout émue, tout impressionnée de ce qu'elle venait d'entendre, monta chez sa mère qui était encore au lit.

— Ma mère, lui dit-elle, nous allons partir aujourd'hui pour Paris.

— Partir ! murmura la marquise étonnée, pourquoi donc, mon enfant ?

— Mais parce qu'il faut réparer au plus vite une injustice du hasard.

— Mais que veux-tu dire, chère enfant ? demanda madame de Guérigny, dont la surprise était au comble.

— Ecoutez, ma mère, nous n'avons pas le temps aujourd'hui d'entrer dans de minutieux détails. Répondez-moi seulement.

— Parle...

— Vous êtes la sœur du duc de B..., mon oncle, par conséquent !

— Mais sans doute. Pourquoi...?

— Mon oncle est mort subitement ?

— Oui, d'une apoplexie foudroyante.

— Il n'a pas laissé de testament ?

— Aucun.

— Et c'est ainsi que nous avons hérité de lui ?

— Mais oui, mon enfant.

— Dites-moi, ma mère, avez-vous entendu parler d'une histoire de sa jeunesse ?

La marquise tressaillit.

— Il s'agissait d'un duel et d'un enlèvement...

— Oh ! certes, dit tristement la marquise... et mon pauvre frère a passé sa vie à chercher mademoiselle Jeanne de B...

— Eh bien ! ma mère, acheva Blanche sans vouloir s'expliquer davantage, c'est parce que j'ai retrouvé les traces de mademoiselle Jeanne de B...

— Tu as retrouvé ses traces ?

— Oui.

— Et .. elle vit ?

— Dans une profonde misère... avec son fils...
— Son fils !
— Oui, dit Blanche, un fils de mon oncle.
Un fils à qui il servait une pension annuelle de cinquante mille francs et dont il n'a pas eu le temps d'assurer le sort en mourant.

Madame de Guérigny était stupéfaite en entendant tout cela.

— Vous voyez donc bien, dit Blanche, qu'il faut que nous partions sur-le-champ pour Paris.

— Mais, mon enfant, ton mariage...

— Oh ! fit-elle avec un sourire, c'est moins pressé, ma mère...

Et mademoiselle de Guérigny fit à la hâte ses préparatifs de départ, et trois heures après une chaise de poste roulait vers Auxerre.

Le soir même, mademoiselle de Guérigny arrivait à Paris.

Le faux moine avait compté sur cette promptitude et il s'était bien gardé de compléter les renseignements qu'il fournissait sur Jeanne l'aveugle et son fils.

C'était un homme prudent, le major !

— Il faut, s'était-il dit, que le petit baron ait le temps de retourner avec moi à Paris et que, là, nous puissions organiser tout à notre aise la petite mise en scène que je prépare.

Aussi, loin de dire simplement à Blanche de Guérigny :

— Vous trouverez Jeanne l'aveugle, à Neuilly, dans une petite maison à gauche près du pont.

Le faux moine avait dit :

— Tous les renseignements que je viens de vous

donner, mademoiselle, me sont transmis de Paris, où se trouve le siége d'une œuvre pieuse à laquelle j'appartiens; et, vous le voyez, ces renseignements ne sont pas complets, puisqu'on ne me dit point où vous pourrez rencontrer ces deux personnes dont je viens de vous apprendre l'existence.

Mais voici ce qui arrivera : le jour ou le lendemain de notre arrivée à Paris, vous recevrez par la poste une lettre qui vous apprendra ce que je ne puis vous apprendre moi-même.

Mademoiselle de Guérigny, arrivée à Paris par le train de minuit, se coucha en proie à une vive impatience.

Elle dormit peu, elle attendit le lendemain dans la persuasion que la première distribution de lettres lui apporterait cette missive mystérieuse qui devait lui apprendre en quel lieu elle trouverait Jeanne l'aveugle.

Mais la matinée s'écoula, puis la journée...

Blanche ne vit rien venir.

— Sans doute on n'a point appris mon retour à Paris, se dit-elle.

Et elle attendit encore.

Le lendemain matin, une lettre qui portait en exergue une croix avec les mots : *Fraternité chrétienne* en dessous, lui arriva sous enveloppe non affranchie.

Cette lettre contenait ces lignes sans signature :

« Mademoiselle de B... a passé une si triste vie, elle a éprouvé de si grands malheurs, qu'il faut user avec elle des plus grands ménagements. On supplie mademoiselle de Guériguy de ne se présenter chez elle que le mercredi soir vers huit heures. Ce petit délai qu'on lui demande est presque indispensable pour préparer mademoiselle de B... à une entrevue.

« Mademoiselle de B..., c'est-à-dire Jeanne l'aveugle, demeure avenue de Neuilly.

« Mademoiselle Blanche de Guérigny peut, mercredi soir, prendre, à la station de voitures de la place Belle-Chasse, le fiacre portant le n° 20,013, et dire au cocher : « A Neuilly ! » Le cocher est prévenu, il la conduira. »

L'imagination ardente de Blanche de Guérigny ne s'effraya point de ces indications mystérieuses, qui pouvaient fort bien cacher un piége.

Cette lettre lui arrivait le mardi matin.

Blanche attendit le lendemain soir avec impatience, et, après le dîner, elle manifesta l'intention de sortir.

— Où vas-tu ? lui demanda sa mère.

— Je vais aller dire bonjour à ma tante de Maurion.

Mademoiselle de Maurion était une vieille fille, tante à la mode bretonne, qui demeurait rue de Verneuil, et chez laquelle Blanche allait fort souvent à pied.

Madame de Guérigny ne fit aucune objection, et Blanche sortit, accompagnée de sa femme de chambre.

Comme il répugnait à la jeune fille de mentir, elle passa en effet rue de Verneuil, chez mademoiselle de Maurion.

La vieille fille dînait en ville.

Blanche laissa une carte et continua son chemin, jusqu'à la place Belle-Chasse.

Il n'y avait qu'un fiacre à la station.

C'était le n° 20,013.

Blanche fit asseoir sa femme de chambre auprès d'elle, et dit au cocher :

— A Neuilly !

Le cocher avait, en effet, sa consigne, car il partit sans faire aucune objection.

Une heure après, c'est-à-dire vers huit heures et demie, le fiacre s'arrêtait devant la grille de la petite maison où nous avons pénétré déjà et qu'habitait Jeanne l'aveugle.

— Attendez-moi, Mariette, dit Blanche.

Elle s'élança hors du fiacre et sonna.

La vieille servante vint ouvrir et mademoiselle de Guérigny entra, laissant sa femme de chambre et le fiacre à la porte.

. . . .

Que s'était-il passé dans cette entrevue, entre mademoiselle de Guérigny, Jeanne l'aveugle et celui qu'elle croyait son fils ?

Blanche ne le dit point à sa mère.

La marquise, du reste, était habituée à ployer sous les volontés de sa fille et à lui laisser une indépendance presque absolue.

Blanche était revenue à dix heures du soir.

Sa mère ignorait qu'elle fût sortie pour aller ailleurs que chez une parente qui demeurait rue de Verneuil.

La femme de chambre était demeurée dans la voiture, à la grille de la petite maison de Neuilly.

Le lendemain matin, mademoiselle de Guérigny entra chez sa mère de bonne heure.

— Maman, lui dit-elle, je viens causer avec toi sérieusement.

— Parle, mon enfant.

— Quelle fortune avons-nous ?

— Environ six cent mille livres de rente.

— Pour quelle part l'héritage de mon oncle compte-t-il dans cette somme ?

— Pour trois cent mille livres de revenu environ.

— Qu'est-ce que nous dépensons ?

— Mais pourquoi donc toutes ces questions, chère enfant ?

— Réponds toujours.

— Nous ne dépensons guère au delà de la moitié de nos revenus.

— Alors, si tu perdais trois cent mille livres de rente...

— Mais, mon enfant...

— Cela ne te gênerait pas ?...

— Je ne te comprends pas, ma fille.

— C'est pourtant facile, dit Blanche avec calme. Je veux restituer au fils de mon oncle la fortune de son père.

— Mais ce n'est pas un fils légitime ! dit la marquise, — et l'enfant naturel n'aurait droit, à la rigueur, qu'au tiers de la succession.

— Ah ! maman, c'est mal de parler ainsi.

— Pourquoi ?

— Mais parce que tu sais bien que si mon oncle avait retrouvé mademoiselle de B..., il l'aurait épousée.

— C'est vrai.

— Donc, à nos yeux, Raymond, — c'est ainsi qu'il se nomme...

Et Blanche murmura tout bas avec émotion :

— Comme LUI !

Puis elle reprit :

— Donc, à nos yeux, Raymond est bien le fils, le vrai fils de mon oncle...

— Mais enfin, dit la marquise cherchant à défendre l'héritage de son enfant, ton oncle ne lui faisait qu'un revenu, à ce fils...

— Qu'importe ?

La marquise soupira :

— Chère enfant, dit-elle, tu es aussi maîtresse de ta fortune que de ton cœur...

— Ainsi je puis faire ce que je voudrai.

— Oui ; cependant...

— Ah ! encore une objection ?

— Il serait bien, ce me semble, que tu consultasses... ton cousin.

— Raoul ?

— Oui.

Blanche tressaillit. Cependant elle eut la présence d'esprit d'éluder une réponse trop directe.

— D'abord, dit-elle, mon cousin pensera certainement comme moi, d'autant plus qu'il est fort riche... ; enfin, je ne suis pas encore... sa femme.

La marquise soupira et se tut.

Blanche écrivit un mot à M. Defodon, notaire, rue Neuve-des-Petits-Champs, en le priant de passer à l'hôtel le plus tôt possible.

Une heure après, M. Defodon arriva.

— Monsieur, lui dit Blanche de Guérigny, j'ai

procuration de ma mère pour régler avec vous diverses affaires d'intérêt.

Le notaire s'inclina.

— Seulement, reprit-elle avec un sourire, vous me permettrez de m'en rapporter à vos lumières, car je suis très-inexpérimentée. Quelle est la manière de transporter à un tiers une partie de sa fortune?

Le notaire ouvrit de grands yeux.

— Quelque chose, poursuivit Blanche, comme trois cent mille livres de rente.

M. Defodon fit un soubresaut.

— La manière la moins onéreuse? continua Blanche avec calme.

Le notaire réfléchit un moment.

— Est-ce à un mari? dit-il. Dans ce cas, on peut par contrat de mariage.

Blanche se prit à sourire.

— Mais pas du tout, dit-elle. Je ne suis pas mariée.

— Alors je ne comprends pas.

— Peu importe!

— Eh bien! mademoiselle, si les trois cent mille livres de rente sont en titres au porteur, cela peut se faire de la main à la main.

— Ah! très-bien. Dites-moi alors comment est composée ma fortune?

— Deux tiers en immeubles, un tiers en valeurs.

— Et ces immeubles?...

— Une partie consiste en maisons à Paris.

— Bien. Pourriez-vous me vendre pour un million de maisons dans un bref délai?

— Oh ! certainement.

— Et m'apporter, après-demain matin, en portefeuille, toutes les valeurs qui sont déposées chez vous?

— Si vous l'exigez...

— Oui, vous me ferez plaisir.

M. Defodon quitta l'hôtel de la rue de Babylone en se disant :

— Il se pourrait bien que mademoiselle Blanche de Guérigny fût devenue folle.

. . . .

Avant d'expliquer la conduite de Blanche, il nous faut rejoindre Olivier de Kermarieuc et Raymond.

Après le départ du jeune homme blond qui, comme lui, se nommait Raymond, le jeune homme continua fort tranquillement son dîner.

— Tu es calme, lui dit Olivier.

— C'est tout simple, répondit Raymond.

Et il parla d'autre chose.

Les deux jeunes gens passèrent la soirée ensemble, et Olivier emmena Raymond chez lui.

— Es-tu fort au pistolet? lui demanda-t-il.

— Assez, dit Raymond.

— Voyons? dit Olivier en conduisant Raymond dans son fumoir, et lui mettant à la main un pistolet de salon.

Raymond colla trois balles l'une sur l'autre, puis il s'amusa à éteindre d'un seul coup les deux bougies d'un bout de table.

— Maintenant je suis tranquille, dit Olivier.

— Ah !

— Tu tires comme Devisme.

— Heu! fit modestement Raymond.
— Et ce petit monsieur est un homme mort.
— Je le crois, dit Raymond avec une tranquillité parfaite.
— As-tu un second témoin ?
— Non.
— Je vais aller au club en chercher un. Couche-toi et dors, le reste me regarde.

Raymond se mit au lit en songeant à Blanche et dormit jusqu'à cinq heures et demie du matin, en rêvant de la belle jeune fille.

Ce fut Olivier qui l'éveilla.

— Habille-toi, lui dit-il, je tiens à ce que nous arrivions les premiers.

— As-tu trouvé quelqu'un hier au club ?

— Oui, un jeune adolescent, M. de Mareuil, qui sera enchanté de figurer dans un duel.

— Où est-il?

— Il nous attend en bas dans sa voiture.

— As-tu des pistolets ?

— J'ai les miens. Ils sont bons. Si le sort te les donne, tu ne seras pas mal partagé.

Raymond fit une toilette minutieuse et coquette comme pour aller au bal.

A six heures et quart, il descendit, donnant le bras à Olivier.

M. de Mareuil avait un grand coupé à quatre places.

On mit les pistolets sous le coussin de derrière, et la voiture partit au grand trot.

Vingt minutes après, Raymond et ses témoins arrivaient les premiers au rendez-vous.

— Je me demande, dit alors Raymond, ce que peut être mon adversaire.

— Un gandin d'abord.

— Et puis...?

— Probablement le nouvel amant de ta chère Antonia.

— Est-ce bête, murmura Raymond, d'aller se battre pour une femme qu'on n'aime plus !

— Ma foi ! dit Olivier en étendant la main vers la grande allée de la porte Maillot, ton adversaire est plus sérieux que je ne pensais.

— Comment cela ?

— Regarde !

Et il montrait un fiacre qui venait de s'arrêter à trente pas, et duquel le jeune homme blond sortait avec ses témoins.

Les témoins qu'il avait choisis étaient deux officiers.

Depuis qu'il était devenu le fils de Jeanne l'aveugle, le *petit baron* demeurait à Neuilly.

Il était revenu de Paris vers neuf heures du soir, puis il avait passé le pont, s'en était allé à Courbevoie et était entré dans le café Militaire.

Là, il avait abordé deux officiers et leur avait demandé ce service que jamais un officier ne refuse, c'est-à-dire de lui servir de témoins.

Olivier et M. de Mareuil firent quelques pas en avant, les officiers pareillement.

On se salua de part et d'autre, puis on échangea tout juste ce qu'il faut de paroles pour régler un duel.

— Monsieur, dit un des officiers à Olivier

M. Raymond, notre filleul, nous a dit que les motifs du duel étaient des plus graves.

— Si l'on veut ! dit nonchalamment Olivier.

— Et il a l'intention de se battre à mort !

— Je n'y vois pas d'inconvénient, répondit M. de Kermarieuc avec le même calme.

On tira les armes au sort. Le sort décida que Raymond se battrait avec les pistolets d'Olivier.

Ces messieurs entrèrent dans un fourré avec leurs témoins, qui comptèrent trente pas, chargèrent les pistolets, les remirent aux deux adversaires et, selon l'usage, frappèrent les trois coups.....

Raymond ajusta son adversaire.

XXIX

Le matin du jour où le petit baron provoqua le vrai Raymond à la Maison-d'Or, mademoiselle Blanche de Guérigny sortit de son hôtel de la rue de Babylone, vers onze heures du matin, en victoria, sans valet de pied, et dit à son cocher :

— Conduisez-moi à Neuilly.

Vingt minutes après, sa voiture s'arrêtait à la porte de la petite maison occupée par Jeanne l'aveugle.

La jeune fille trouva cette femme, que son oncle avait tant aimée, toute seule dans son salon.

Le petit baron, c'est-à-dire celui qu'elle croyait son fils, était sorti.

Blanche passa ses deux bras au cou de l'aveugle et lui dit :

— Pardonnez-moi d'avoir attendu trois grands jours, madame, avant de revenir vous voir. Mais je voulais pouvoir causer sérieusement avec vous, et j'ai dû, pour cela, m'éclairer sur certains détails relatifs aux affaires que j'ignorais complétement.

La jeune fille s'assit à côté de l'aveugle et poursuivit :

— Je viens vous parler de votre fils.

Jeanne tressaillit et pressa convulsivement les mains de Blanche.

— Si mon oncle avait vécu, s'il vous eût retrouvée, poursuivit mademoiselle de Guérigny, bien certainement il aurait tout fait pour que son fils portât son nom.

L'aveugle soupira, et deux grosses larmes s'échappèrent de ses yeux éteints.

— Je veux, au moins, moi, lui rendre sa fortune...

— Ah! fit Jeanne l'aveugle, mon fils ni moi, mademoiselle...

Blanche l'empêcha de formuler son refus.

— Je suis riche encore, dit-elle.

L'aveugle prit la jeune fille dans ses bras.

— Mon Dieu! murmura-t-elle, pourquoi ne suis-je point, aux yeux du monde, la veuve de votre oncle? pourquoi n'ai-je point le droit de vous dire : Soyez ma fille!

Blanche soupira :

— Oh! je sais bien, dit-elle, que le fils de mon oncle est digne de ma main. Il serait même beaucoup mieux, aux yeux de nos deux familles, qu'un mariage nous réunît ; mais, hélas! madame, vous avez aimé... vous avez souffert... et vous savez que notre cœur ne nous appartient pas...

— Pauvre enfant! murmura l'aveugle, est-ce que vous aimez?...

— Oui.

— Et vous songez à vous dépouiller ainsi...

— L'homme que j'aime est un noble cœur, dit Blanche avec fierté. Il aura, comme moi, le sentiment du devoir.

Jeanne l'aveugle essaya de résister encore.

Elle avait espéré, peut-être un moment, un dénouement tout autre : une mère est si fière de son fils!... Mais Blanche, d'un seul mot, avait détruit toutes ses illusions.

Quand la jeune fille remonta en voiture, elle avait décidé l'aveugle à accepter pour son fils la fortune du duc de B...

— Dites à votre fils, lui dit-elle en la quittant, que je l'attends demain soir chez ma mère.

Blanche remonta l'avenue de Neuilly.

Au moment où sa voiture traversait la place de l'Etoile, un jeune homme descendait modestement de l'impériale d'un omnibus.

C'était le petit baron.

Mademoiselle de Guérigny le reconnut, lui fit un signe, ordonna à son cocher d'arrêter et pria le prétendu fils de Jeanne l'aveugle de monter auprès d'elle.

— Mon cousin, lui dit-elle, je viens de voir madame votre mère, et j'ai réglé avec elle nos petites affaires d'intérêt.

Le complice du major savait assez bien son métier

de séducteur. Il enveloppa la jeune fille d'un regard plein d'amour.

Blanche tressaillit sous le poids de ce regard dont elle devina toute la portée.

— Allons! se dit-elle, il faut que j'arrête le fils comme j'ai arrêté la mère, au seuil même de leur espérance commune.

Et, tendant la main au jeune homme :

— Mais, reprit-elle, ce n'est point pour vous parler *intérêts* que je vous ai prié de monter là, près de moi.

Le petit baron la regarda d'un air vainqueur.

— Elle va m'offrir sa main, pensa-t-il ; cela m'évitera la peine de la lui demander. J'ai toujours aimé la besogne aux trois quarts faite.

Blanche continua :

— Vous êtes le fils de mon oncle, et peut-être, du fond de sa tombe, a-t-il fait un souhait en songeant à vous et à moi.

— Ah! mademoiselle..., murmura le petit baron avec une émotion fort bien jouée.

— Malheureusement, reprit Blanche, lorsque j'ai appris votre existence, mon cœur était engagé, ma main était promise...

Le petit baron pensa qu'il était convenable de pâlir un peu et de manifester une vive douleur.

— Mais nous serons amis, acheva Blanche, et l'amitié a bien son prix en ce monde.

Le petit baron affectait une morne stupeur, un désespoir sans limites.

Blanche fit de nouveau arrêter sa voiture.

— Maintenant, lui dit-elle, que je vous ai parlé avec franchise, laissez-moi vous rendre votre liberté. Vous retourniez sans doute auprès de votre mère ?...

— Oui, mademoiselle.

— Venez demain rue de Babylone. Ma mère vous attend à dîner. C'est demain que nous terminerons nos petites affaires.

Le petit baron descendit, toujours pâle et bouleversé, et il salua gauchement.

— Pauvre garçon! murmura Blanche.

Et puis elle songea à Raymond, à celui qu'elle aimait...

— Oh! non, dit-elle, l'ombre de mon oncle se dresserait irritée devant moi, que je ne sacrifierais pas *celui* qui a fait battre mon cœur si violemment.

Blanche rentra à l'hôtel de la rue de Babylone.

Sa mère était sortie. En revanche, maître Defodon, le notaire, arriva.

Il avait sous son bras un volumineux portefeuille.

Blanche le reçut au salon.

— Voilà, mademoiselle, dit le notaire, les titres de propriété et les titres de rente que vous m'avez demandés.

— Vous avez vendu les maisons?

— L'acte a été passé hier.

— Ainsi, ce portefeuille contient...

— Trois millions neuf cent mille francs.

Le notaire étala les divers titres sur une table, et la jeune fille les vérifia l'un après l'autre.

Puis elle en donna une décharge à maître Defodon, et serra le portefeuille dans un petit meuble dont elle prit la clef.

Le notaire parti, Blanche se dit :

— Je vais pouvoir rendre à mon cousin sa fortune de la main à la main. Ma mère, qui croit toujours que j'épouserai mon cousin Raoul, exige son consentement ; mais je ne doute point de lui. Raoul fera ce que je voudrai...

Et Blanche se reprit à rêver de Raymond, murmurant encore :

— Il faudra pourtant bien que j'avoue la vérité à ma mère. Mon cousin Raoul aime madame de Bertaut ; moi, j'aime Raymond... C'est un échange qui nous rend tous heureux... Pourquoi ma mère en serait-elle malheureuse ?...

. . . .

M. le baron Raoul de Saunières avait pris, on se le rappelle, une voiture de place pour aller dîner chez sa cousine, mademoiselle Blanche de Guérigny, tandis qu'Olivier de Kermarieuc et Raymond entraient à la Maison-Dorée.

Lorsque Raoul arriva, la jeune fille était seule au salon.

Elle lui prit les deux mains et les serra avec affection.

— Mon cher cousin, lui dit-elle, il y a longtemps que je désire vous faire mes confidences.

— Et moi, dit en riant le jeune homme, je les attends aussi depuis longtemps ; car vous avez été bien mystérieuse avec moi, ma chère cousine.

— Vraiment !

— Dame ! Vous oubliez votre départ précipité du château de l'Orgerelle ?

— C'est juste !... Eh bien ! je vais réparer mes torts.

— Voyons ! j'écoute...

— Ah ! vous allez trop vite !...

— En vérité !

— Et d'abord, vous allez répondre à mes questions.

— Soit ! Questionnez-moi.

— Je vais mettre votre bon sens à l'épreuve, et je suis sûre que vous aurez la même manière de voir que moi.

— De quoi s'agit-il ?

— Est-ce que vous n'avez pas hérité d'un oncle, vous aussi ?

— Sans doute. Mon oncle le chevalier de l'Orgerelle, mort sans enfants, m'a laissé cent onze mille livres de rente.

— Mais il a fait un testament ?

— Sans doute. C'etait bien inutile, pourtant : j'étais son héritier naturel.

— Bon ! Supposons, à présent que votre oncle n'a pas fait de testament, et que vous avez hérité aux termes de la loi.

— Soit ! supposons-le.

— Supposons encore, reprit Blanche de Guérigny, que votre oncle soit mort d'une attaque d'apoplexie, et que son intention ne fût pas de vous laisser sa fortune. Le temps lui a manqué, vous avez hérité, tout est bien. Mais un jour, une circonstance imprévue vous révèle la vérité. Votre oncle ne comptait pas vous laisser sa fortune. Il la destinait, au contraire, à une autre personne. C'était sa volonté, son cœur l'y poussait, un enchaînement de circonstances mystérieuses lui en faisait un devoir. La mort est venue, vous avez hérité.

— Voilà bien des suppositions, dit Raoul en riant.

— Soit, mais vous les admettez. Eh bien ! un jour, la personne à qui votre oncle destinait sa fortune se trouve sur votre chemin, que ferez-vous ?

— Je lui rendrai la fortune de mon oncle.

Blanche tendit la main à son cousin.

— Vous êtes un vrai gentilhomme, dit-elle, et j'attendais votre réponse. Maintenant, écoutez-moi. Nous sortons du domaine des suppositions pour entrer dans la réalité.

Alors mademoiselle de Guérigny raconta à son cousin cette histoire, que nous connaissons, de Jeanne l'aveugle, du comte Hector et du marquis Gontran.

Elle lui dit comment, avertie de la vérité, elle avait quitté précipitamment l'Orgerelle pour revenir à Paris; comment elle avait retrouvé mademoiselle de B... et son fils.

— Vous venez d'approuver ma conduite, dit-elle en finissant. Je n'ai qu'une chose à faire, et je la ferai demain : restituer !

M. de Saunières s'inclina.

En ce moment la marquise de Guérigny entra.

— Tenez, maman, dit Blanche, voilà mon cousin qui vient d'approuver entièrement ma conduite.

La marquise regarda Raoul.

— Je suis entièrement de l'avis de ma cousine, dit le baron.

— Alors, murmura madame de Guérigny domptée par la volonté de sa fille, qu'il en soit fait comme vous le désirez, mes enfants.

Et maintenant, venez dîner, ajouta-t-elle.

. . . .

Raoul de Saunières n'était point descendu chez sa cousine, à Paris, mais bien à l'hôtel du Helder, rue du Helder, où logent bon nombre de gentilshommes bourguignons et morvandiaux.

Il quitta l'hôtel de la rue de Babylone vers dix heures, et revint à pied par le boulevard

Il espérait rencontrer Raymond et Olivier, soit à Tortoni, soit à leur cercle.

Mais Olivier, on s'en souvient, avait emmené Raymond chez lui, rue de la Victoire, pour lui voir coller quelques balles sur une plaque de salon.

Raoul, ne les rencontrant point, prit le parti de rentrer à son hôtel.

Il trouva dans sa case deux lettres, — l'une de sa mère ; l'autre, dont l'écriture lui était inconnue.

Après avoir pris des nouvelles de sa mère, il ouvrit la seconde lettre, et lut ces quelques lignes :

« Si M. le baron Raoul de Saunières s'intéresse à ses amis, M. Olivier de Kermarieuc et M. Raymond, il attendra la visite d'un inconnu, demain à sept heures du matin. »

La lettre ne portait aucune signature.

Le baron se coucha fort intrigué, dormit peu et attendit le jour avec impatience.

Que pouvait-on avoir à lui communiquer dans l'intérêt d'Olivier et de Raymond?

Le lendemain, à sept heures précises, tandis que le garçon de l'hôtel allumait le feu du baron, on frappa à la porte.

Raoul vit entrer Baptiste, le valet de chambre de M. Vulpin, son voisin du Morvan.

Baptiste était fort proprement vêtu et avait un petit air solennel qui ne fit aucune impression sur le baron.

Raoul ne songea pas une minute que Baptiste pouvait être l'inconnu dont lui parlait le billet mystérieux de la veille.

Il crut que M. Vulpin, le sachant à Paris, l'invitait à déjeuner.

— Bonjour, Baptiste, dit-il; comment va ton maître?

— Je ne sais pas, monsieur le baron. Cependant il se portait fort bien encore lorsque j'ai quitté son service.

— Tu n'es plus chez M. Vulpin?

— Non, monsieur.

— Depuis quand?

— Depuis trois jours.

— Ah! Est-ce que tu voudrais entrer chez moi?

— Non, monsieur le baron.

Raoul commença à s'étonner. Il renvoya le garçon de l'hôtel.

— C'est moi qui me suis permis d'écrire à M. le baron, dit Baptiste.

— Toi?

— Oui, monsieur le baron.

Raoul regarda le valet avec étonnement. Mais Baptiste reprit avec calme :

— Je prie M. le baron de ne plus voir en moi, dit-il, que le dépositaire d'un grand secret.

— Que veux-tu dire?

— D'un secret qui peut faire le bonheur ou le malheur de M. Raymond, l'ami de M. Olivier et l'amoureux de mademoiselle de Guérigny.

Raoul eut un brusque mouvement. Il ne croyait pas Baptiste si bien informé.

Baptiste continua :

— On est en train de voler à M. Raymond son nom et sa fortune. Moi seul je puis l'empêcher en disant ce que je sais.

— Toi? Mais comment? De quel nom, de quelle fortune parles-tu?

Baptiste regarda la pendule.

— Monsieur le baron, dit-il, il est sept heures dix minutes ; à huit heures et demie j'aurai pris le train express de Calais, et ce soir, à minuit, je serai à Londres. C'est vous dire que je n'ai pas le temps d'entrer dans de grands détails. Voici maintenant ce que je viens vous proposer.

Baptiste déboutonna sa redingote, tira de sa poche une lettre sous enveloppe grise qui paraissait volumineuse, et la montrant au baron :

— Le secret est là dedans. Vous y trouverez assez de documents pour faire arrêter deux chevaliers d'industrie qui, je vous le répète, sont en train de dépouiller M. Raymond.

— Mais enfin, dit le baron en étendant la main pour prendre la lettre, quels sont ces hommes?

— Oh! un instant, dit Baptiste ; je ne vais laisser à M. le baron cette lettre qu'à deux conditions...

— Lesquelles?

— D'abord, monsieur le baron va me donner sa parole qu'il ne l'ouvrira que dans une heure, c'est-à-dire lorsque je serai parti.

— Après?

— Ensuite, qu'il conseillera à M. Raymond de

m'envoyer à Londres, poste restante, une traite de cent mille francs.

— Cent mille francs? exclama le baron abasourdi.

— Mon Dieu! monsieur, murmura Baptiste avec un calme qui impressionna vivement Raoul, il s'agit pour M. Raymond de plusieurs millions.

— Soit! dit Raoul, je te donne ma parole d'honneur, et je te garantis même les cent mille francs, si ce que tu avances est vrai.

Baptiste posa la lettre sur la cheminée, salua profondément et se retira.

— Voilà une singulière aventure! pensa M. de Saunières. On veut dépouiller Raymond d'un nom et d'une fortune. D'un nom! Mais, au fait! ni Olivier ni lui ne m'ont encore dit... Voilà qui est bizarre! aussi bizarre que l'histoire que ma cousine Blanche m'a racontée ce soir.

Et le baron regarda la pendule à son tour, et attendit avec impatience que l'heure demandée par Baptiste se fût écoulée...

XXX

Expliquons maintenant pour quels motifs maître Baptiste, l'ex-valet de chambre de M. Vulpin, se décidait à trahir ceux dont il avait été le complice.

Le soir de ce jour où il espérait bien que Raymond se précipiterait dans le ravin et se briserait en mille pièces sur les décombres du pont, Baptiste avait vu revenir tour à tour Raymond et Olivier parfaitement sains et saufs.

Il avait passé une mauvaise nuit, et, dès le lendemain, il avait pris son fusil sur l'épaule, le chemin du village où le major et le petit baron étaient logés.

Quand il arriva à Cerizay, le major et son complice n'y étaient plus.

Seulement, ils avaient laissé un billet à son adresse.

Ce billet était ainsi conçu :

« Je crois qu'*on* a des soupçons ; nous filons ! »

— Adieu mes cinquante mille francs ! s'était dit Baptiste tout d'abord. Mais lorsque le soir il apprit et le départ de mademoiselle de Guérigny, et celui, pour le lendemain, de Raymond et d'Olivier, le sagace valet fit la réflexion qu'il pourrait fort bien se faire que le major et le petit baron eussent songé simplement à se débarrasser de lui.

Dès lors Baptiste n'eut plus qu'un but, — les rejoindre.

Il quitta Bois-Lambert le lendemain du départ de Raymond et d'Olivier, vint à Paris, et se mit à épier les démarches du major et de son complice.

Le major logeait dans plusieurs domiciles tour à tour, et portait plusieurs noms selon les circonstances.

Baptiste se déguisa en charbonnier, se noircit le visage, et arriva un soir, les épaules chargées d'un cotret, dans une chambre meublée de la rue du Rocher, où le major couchait d'ordinaire et portait le nom de M. Walter.

Le major ne le reconnut pas.

Baptiste déposa son cotret et s'en alla, non sans avoir remarqué dans un coin de la chambre meublée une vieille malle en cuir.

— Je parierais tout ce qu'on voudra, se dit Baptiste, que si le major a trois papiers compromettants, ils sont là dedans.

Le lendemain, Baptiste, qui rôdait aux environs du petit hôtel garni de la rue du Rocher, vit le major en sortir, descendre jusqu'à la place de Laborde et monter dans une voiture de place.

Alors le valet entra résolûment dans l'hôtel et dit au garçon, qu'il rencontra dans l'escalier :

— Je porte du charbon pour M. Walter.

— Voilà la clef, répondit le garçon sans aucune défiance. C'est au numéro 14.

Baptiste entra, ferma la porte sur lui et crocheta avec un rossignol la serrure de la malle.

A première vue, elle ne contenait que du linge et des hardes, mais les doigts exercés de Baptiste eurent bientôt découvert un double fond, et dans ce double fond un portefeuille.

Baptiste l'emporta, après avoir refermé le double fond de la malle.

Le portefeuille contenait une volumineuse correspondance en allemand et en anglais, plus un passeport autrichien au nom de Hermann Getzinger, forçat libéré, autorisé à aller en France.

Quant aux lettres, elles contenaient des documents fort curieux sur le petit baron et ses antécédents.

Une seule pièce manquait pour le malheur de Baptiste, c'était ce faux qu'il avait commis autrefois, et que le major suspendait sur sa tête comme une épée de Damoclès.

— Allons! pensa Baptiste, il faudra agir prudemment.

Le lendemain, il se présenta au domicile du petit baron.

Le major s'y trouvait. Il était dix heures du soir.

C'était la veille du jour où le petit baron devait se battre avec le vrai Raymond.

Le major, en voyant entrer Baptiste, fut un peu surpris et passablement troublé.

— Comment! dit-il, te voilà? Je te croyais à Bois-Lambert...

— J'y étais ce matin encore, répondit Baptiste. M. Vulpin m'a écrit de revenir: Il a besoin de moi ici, et, ajouta le valet en clignant de l'œil, j'ai pensé que vous aussi, vous auriez besoin de moi peut-être...

— Peuh! fit le petit baron.

— Non, dit le major. Mais nous ferons quelque chose pour toi.

— Ah!

— Tu auras une dizaine de mille francs sans rien faire!

— Absolument rien!

— Et ces dix mille francs, quand me les donnerez-vous?

— Demain.

— En quel endroit?

— Tu viendras te promener sur le bord de l'eau, derrière Saint-James, au bois, et tu m'attendras, dit le major.

— C'est-à-dire, pensa Baptiste, qu'il tâchera de

m'assassiner ou de me noyer. Les morts ne parlent pas.

Puis, tout haut :

— Est-ce que vous ne pourriez pas me donner un petit à-compte ce soir ?

L'accent de Baptiste était simple et naïf.

Le major ouvrit un portefeuille et y prit un billet de cinq cents francs.

— Tiens, dit-il, ceci est en dehors.

Baptiste les remercia tous deux et sortit en se disant :

— Ils me prennent pour un niais.

Il entra dans un café, écrivit sa lettre à M. de Saunières et rédigea ensuite un document fort clair, fort précis, sur les manœuvres du major et du petit baron pour s'approprier l'héritage du vrai Raymond.

Il joignit à ce document les papiers trouvés dans le portefeuille du major, ajoutant :

— Voilà de quoi les envoyer au bagne tous deux !

Puis Baptiste alla se coucher tranquillement. Il ne savait pas que le lendemain Raymond et le petit baron devaient se battre.

XXXI

Lorsque Baptiste fut parti, le major et le petit baron se regardèrent.

— Ce diable de valet, murmura le petit baron, qui donc se serait attendu à le voir ?

— Sois calme, il ne nous gênera pas longtemps.
— Ah !
— J'en fais mon affaire pour demain soir. D'ailleurs, si tu tues Raymond, il n'aura pas grand intérêt à nous trahir.
— C'est vrai.
— Mais il faut tuer Raymond.
— Oh ! le portier de la rue Rochechouart m'a donné le bon moyen. Je lui enverrai ma balle où je voudrai.
— C'est fort bien. Seulement il faut te coucher et, auparavant, trouver des témoins.
— Deux officiers de la caserne de Courbevoie, parbleu ! Je vais aller à leur café.

Depuis qu'il avait retrouvé *sa* mère, le petit baron habitait avec elle à Neuilly.

Le major lui prit le bras et le conduisit au boulevard, où il devait trouver une voiture.

— C'est égal, disait le petit baron en descendant la rue Taitbout, j'aurais assez aimé que *ma* cousine m'épousât.
— Bah ! qu'est-ce que ça te fait, puisque demain soir elle te donnera ton portefeuille ?
— C'est juste.
— Nous filerons avec à l'étranger.
— C'est plus prudent.
— Et nous plantons là ta mère aveugle.
— Voilà une idée qui me sourit assez, ma foi !
— Seulement il faudra lui faire une pension. Elle mérite bien cela.
— Vous êtes trop généreux, major, ricana le petit baron. Bonsoir, à demain...

— Tu sais que je ne bougerai pas du restaurant de la porte Maillot.

— Bon !

— J'y serai à six heures et demie et j'attendrai l'événement. Bonsoir...

Le petit baron monta dans un fiacre et se fit conduire à Courbevoie, où, comme nous l'avons dit, il trouva deux officiers de bonne volonté pour lui servir de témoins le lendemain.

Ensuite il revint à Neuilly.

Ce fut la vieille servante bretonne qui vint lui ouvrir.

— Ma mère est-elle couchée? demanda-t-il.

— Pas encore, monsieur.

— Où est-elle ?

— Au salon.

Le petit baron entra dans le salon sur la pointe du pied et aperçut Jeanne l'aveugle couchée sur une chaise longue.

Elle s'était endormie en attendant celui qu'elle croyait son fils.

Le jeune homme s'approcha et la contempla d'un air railleur.

— Et dire que voilà ma mère ! fit-il.

Puis il se retira sur la pointe du pied et monta se coucher, disant à la servante :

— Je suis obligé d'aller demain matin de très-bonne heure à Paris. Vous m'éveillerez à six heues.

XXXII

M. le baron Raoul de Saunières, en vrai gentilhomme qu'il était, était esclave de sa parole.

Il avait promis à Baptiste de n'ouvrir sa lettre qu'à huit heures et demie : il attendit.

Pendant qu'il procédait à sa toilette du matin, on sonna à sa porte.

C'était un de ses voisins, un vieux colonel espagnol, ancien aide-de-camp de Zumalacarreguy, qui logeait dans l'hôtel, et qu'il avait rencontré, deux jours auparavant, chez madame de Guérigny.

La fidélité de don Francesco y Borgas, — c'était son nom, — avait ouvert au colonel toutes les portes du faubourg Saint-Germain, et il dînait une ou deux fois par semaine chez la mère de Blanche.

— Bonjour, colonel, dit le baron en le voyant entrer. Qui me vaut le plaisir de votre visite matinale?

— Je vous ai cherché hier, monsieur le baron.

— Ah !

— N'étiez-vous pas assis vers cinq heures devant Tortoni ?

— En effet...

— Et n'avez-vous pas causé avec deux jeunes gens ?

— Deux de mes amis, oui.

— Eh bien! c'était à cause d'eux que je voulais vous voir.

— Bah !

— En vous quittant, ces messieurs sont allés dîner à la Maison-Dorée, où je dîne quelquefois aussi.

— Vous avez lié connaissance avec eux ?

— Non, mais j'ai assisté à une scène de provocation.

— Hein ? fit le baron surpris.

— L'un des deux est un grand jeune homme blond, n'est-ce pas ?

— Oui.

— Eh bien ! il a été provoqué...

— Par qui ?

— Par un autre jeune homme. Ils doivent se battre à l'heure qu'il est...

M. de Saunières étouffa un cri.

— En êtes-vous sûr ? fit-il.

— Très-sûr... J'ai entendu les mots de sept heures, de porte Maillot et de pistolets.

M. de Saunières, tout ému, sonna violemment.

— Allez me chercher une voiture, dit-il au garçon de l'hôtel.

Et il acheva de s'habiller à la hâte, ne songeant plus à ouvrir la lettre de Baptiste que, cependant, il mit dans sa poche.

— Où allez-vous ? lui dit le colonel.

— Je cours chez lui.

— Voulez-vous que je vous accompagne, baron.

— Non, c'est inutile. Merci !...

Cinq minutes après, le baron montait dans un coupé de remise.

Il ignorait où demeurait Raymond, mais il savait l'adresse d'Olivier.

Il se fit donc conduire rue de la Victoire.

— Monsieur de Kermarieuc est-il chez lui? demanda-t-il.

— Il vient de rentrer, lui répondit le concierge, avec un de ses amis qui s'est battu en duel ce matin, et qui est blessé...

— Blessé! s'écria le baron tout ému.

Il s'élança dans l'escalier et ne fit qu'un bond jusqu'à la porte de M. de Kermarieuc.

Ce fut Olivier lui-même qui vint lui ouvrir.

— Ah! mon ami, lui dit le jeune homme en lui sautant au cou, mon pauvre Raymond a failli être tué... Venez!... venez!...

Olivier entraîna Raoul dans sa chambre à coucher, où on avait transporté Raymond.

Raymond, tout sanglant, à demi évanoui, était couché sur le lit et venait de subir un premier pansement.

Deux médecins étaient auprès de lui.

— Un pouce plus haut ou plus bas, dit l'un d'eux au baron en le voyant entrer, et tout était fini. Heureusement, la balle a tourné sur une côte et la blessure est légère. Trois semaines de repos suffiront...

M. de Saunières respira.

— Mais pourquoi s'est-il battu? demanda Raoul à Olivier.

— Il a été provoqué par un jeune homme qui se nomme Raymond comme lui.

— Raymond?

— Oui.

— Mais il a un autre nom?

— Je l'ignore.

Un éclair traversa le cerveau du baron. Il se souvint que le jeune homme dont lui avait parlé sa cousine, la veille, se nommait pareillement Raymond, et il se rappela, en même temps, les paroles mystérieuses de Baptiste.

— Messieurs, disait en ce moment l'un des deux médecins, le blessé a besoin de calme; il faut éviter toute émotion. Il commence à revenir de son évanouissement, et il est inutile qu'il voie monsieur.

Le médecin désignait Raoul.

— Venez par ici, baron, dit Olivier.

Il prit le jeune homme par le bras et le conduisit dans la pièce voisine.

— Tout cela est terrible et bizarre ! murmurait Raoul. Tout le monde s'appelle donc Raymond ?

— Dame ! fit Olivier, il est déjà assez étrange d'en rencontrer deux dans une circonstance pareille.

— J'en connais peut-être un troisième, moi.

— Vous ?

— Car, ajouta le baron, je sais maintenant pourquoi ma cousine est revenue précipitamment à Paris.

— Ah !...

— Elle est revenue pour restituer l'héritage du duc de B..., ancien pair de France, son oncle, à son fils naturel, un jeune homme du nom de Raymond, à qui, longtemps, une main mystérieuse...

Olivier interrompit brusquement M. de Saunières.

— Mais, dit-il, voilà une histoire qui ressemble singulièrement à celle de mon ami.

— Quel ami ?

— Raymond, parbleu !
— Votre ami est fils naturel ?
— Oui. Et tout ce qu'il sait de son père, c'est qu'il était duc et pair.

Comme Olivier prononçait ces mots, les paroles de Baptiste flamboyèrent soudain dans la mémoire du baron.

— « *On est en train*, avait dit le valet de M. Vulpin, *de dépouiller M. Raymond de son nom et de sa fortune!*

Le baron déboutonna son paletot, prit dans sa poche la lettre de Baptiste et en rompit précipitamment le cachet.

La lettre renfermait, outre les documents compromettants pour le major et son complice, le petit baron, un mémoire rédigé par Baptiste, et dans lequel il avouait le rôle actif qu'il avait joué.

Le baron lut ce mémoire, puis il le passa à Olivier.

Olivier s'écria alors :

— Maintenant, il est une chose qui ne fait plus pour moi l'ombre d'un doute. Ce jeune homme qui s'est battu ce matin avec Raymond et qui a failli le tuer est un de ces deux misérables.

— Parbleu ! c'est celui que mademoiselle de Guérigny appelle *mon cousin*...

Raymond, le vrai Raymond était hors d'état d'apprendre le premier mot de la vérité.

Les deux jeunes gens se consultèrent sur le parti à prendre, et M. de Saunières dit :

— Je me charge de tout. Soignez votre ami... Je reviendrai dans la journée...

XXXIII

Ainsi qu'il l'avait annoncé la veille au soir, le major était allé dès la pointe du jour s'installer chez *Gillet*, le restaurateur de la porte Maillot, et avait demandé un cabinet.

Là, abrité derrière une persienne, il avait vu passer successivement Raymond et ses deux témoins, puis le petit baron, accompagné des deux officiers de la garnison de Courbevoie.

Une demi-heure s'écoula, qui parut un siècle au major.

Puis il entendit le roulement d'une voiture et il reconnut celle du petit Raymond.

Alors seulement il respira.

Une voiture qui transporte un blessé ne va point aussi rondement.

La voiture s'arrêta devant la porte de Gillet, et le petit baron sauta lestement à terre.

Le major, immobile derrière sa persienne, le vit serrer la main aux deux officiers.

Puis, la voiture s'éloigna et le petit baron entra dans le restaurant.

Le major courut à sa rencontre.

— Eh bien ? dit-il.

— Il n'est pas mort... Je suis un maladroit !

— Mais il est blessé ?

— Oui. Seulement le médecin prétend qu'il sera sur pied dans trois semaines.

— Diable ! murmura le major, voilà qui est avoir

du guignon... N'importe ! déjeunons... Nous allons réfléchir...

Les deux scélérats s'installèrent dans le cabinet où le major avait attendu avec tant d'anxiété le résultat du duel, et se firent servir à déjeuner.

— Maintenant causons, dit le major. C'est ce soir que tu vas chez *ta* cousine?

— Oui.

— Et qu'elle te remettra *ton* portefeuille?

— C'est probable.

— Ecoute-moi bien alors. Raymond ne pourra point s'y trouver.

— Oh! ça, j'en suis sûr.

— Et il est à peu près certain que son ami Olivier restera auprès de lui.

— Bon! Après?

— Tu n'y rencontreras que le baron, qui ne te connaît pas, et alors même que ce soir on saurait déjà que Raymond s'est battu...

— Eh bien ?

— Nul ne supposera que c'est avec toi. Seulement, demain, après-demain, au premier jour, la vérité pourra surgir...

— Et alors?

— Alors, mon cher, il faudra que nous ayions *filé*...

— J'allais vous le proposer, major.

— Donc, il faut nous y prendre plus tôt que plus tard.

— Soit.

— Aujourd'hui, je vais me promener en chaise de poste. Les chemins de fer ne valent rien pour se sauver. Avec ce diable de télégraphe électrique, on vous arrête à la première station.

— C'est juste.

— Je me procurerai donc une chaise de poste, et j'irai t'attendre cette nuit à Bondy.

— Et moi, comment m'y rendrai-je ?

— Tu as un cheval de selle ?

— Oui, certes.

— Eh bien! en sortant de chez *ta* cousine, et lorsque tu seras en possession du précieux portefeuille, tu te sauveras, et tu viendras me rejoindre à franc-étrier.

— L'idée est bonne.

— En deux jours, nous serons à la frontière.

— Et où irons-nous ?

— En Allemagne. Nous achèterons là-bas une principauté quelconque, et je te ferai mon premier ministre.

— Fameux ! dit le petit baron. Seulement...

— Voyons l'objection ?

— Je voudrais emmener Titine.

— Cette petite des *Délassements ?*

— Oui... Je lui ai promis de lui faire un sort, si je deviens riche.

— Peuh ! fit le major, si cela te plaît, emmène-la, ou plutôt, non, c'est moi qui l'emmènerai.

— Ah !

— Parbleu !... Tu ne vas point la prendre en croupe, j'imagine.

— Assurément non.

— Eh bien ! laisse-moi m'en charger alors...

— Comme vous voudrez.

Les deux scélérats déjeunèrent et se quittèrent vers neuf heures.

Le major retourna à Paris ; le petit baron s'en alla à Neuilly.

Jeanne l'aveugle dormait encore et ne s'était pas doutée que *celui* qu'elle croyait son fils s'était battu en duel le matin même.

D'après l'avis plein de prudence du major, le petit baron passa sa journée à Neuilly.

Il aurait pu, en retournant à Paris, rencontrer Olivier en compagnie de M. de Saunières.

A cinq heures, il fit une toilette minutieuse, envoya chercher un fiacre et se rendit rue de Babylone, où on l'attendait à dîner.

Blanche le présenta à sa mère.

— Nous allons dîner en tête-à-tête, lui dit-elle. Seulement, ce soir, nous aurons quelques personnes, entre autres le baron de Saunières, mon cousin.

Le petit baron ne manquait pas de monde ; il savait être distingué. Il se posa habilement en homme épris qui abandonnerait de grand cœur les trois millions qu'on allait lui donner pour obtenir l'amour de sa cousine.

Mais Blanche fut avec lui d'une réserve extrême.

Après le dîner, comme elle le lui avait annoncé, du reste, Blanche reçut la visite de plusieurs personnes.

Alors, elle prit le jeune homme par le bras et le conduisit dans son boudoir.

— Tout à l'heure, lui dit-elle, nous serons débordés par nos invités. Profitons de notre dernier moment de liberté.

Elle le fit asseoir et continua :

— Mon cousin, le duc mon oncle, votre père, veux-je dire, m'a laissé trois millions neuf cent mille francs...

— Mademoiselle...

— Cette fortune est à vous, continua Blanche avec dignité, et il est juste que je vous la restitue.

— Mais, mademoiselle... murmura le petit baron, qui prit un air plein de dignité et d'abnégation.

Blanche ouvrit un petit meuble en bois de rose et y prit un volumineux portefeuille, le même que lui avait remis son notaire, maître Defodon.

— Voilà ces trois millions, dit-elle. Ils sont en valeurs au porteur, et je vous prie de les vérifier...

— Ah ! mademoiselle... fit le petit baron, qui eut un geste superbe.

Et il n'étendit point la main pour prendre le portefeuille.

Mais Blanche le força à l'accepter, disant :

— Je vais bientôt me marier, et je veux pouvoir lever la tête devant mon mari.

Le petit baron trouva de bon goût d'essuyer une larme absente.

— Mon Dieu ! murmura-t-il tout bas, que de regrets !

Blanche feignit de n'avoir point entendu.

— Maintenant, dit-elle, venez, retournons au salon...

Le petit baron eut l'air de se faire une violence suprême, et il mit le portefeuille dans sa poche.

Puis, malgré lui, il jeta à droite et à gauche un regard furtif, comme s'il eût cherché une issue pour s'échapper au plus vite.

Il se fit même cette réflexion.

— Je veux être pendu si dans une heure je suis encore ici!...

Comme ils allaient sortir du boudoir, un homme se montra sur le seuil.

Blanche tressaillit et son cœur se prit à battre.

Cet homme c'était Raoul ; Raoul qui, sans doute, lui amenait Olivier et Raymond.

— Ah ! mon cher cousin, lui dit-elle, permettez-moi de vous présenter monsieur, dont je vous ai raconté hier l'histoire.

Raoul et le petit baron se saluèrent.

— Monsieur, dit M. de Saunières avec une courtoisie parfaite, je serais heureux de causer avec vous quelques instants. Vous permettez, ma chère Blanche?

— Mais sans doute. Vous me rejoindrez au salon. Au revoir!...

Et Blanche laissa le petit baron en tête à tête avec son cousin dans le boudoir.

Alors M. de Saunières prit le bras du faux Raymond.

— Monsieur, lui dit-il, ma cousine vient de vous remettre un portefeuille.

— En effet, monsieur, répondit le petit baron un peu interdit.

— Ce portefeuille contient des valeurs pour plus de trois millions?

— Oui, monsieur... C'est... ma fortune.

Raoul le toisa des pieds à la tête.

— En êtes-vous sûr ? dit-il.

Le petit baron se redressa.

— Mais je l'imagine ! dit-il.

— Pardon, monsieur, je vais vous mettre au courant de la situation en quelques mots...

— Mais, monsieur !...

— Ecoutez donc !... Vous ne vous appelez point Raymond...

— Hein?

— Vous n'êtes pas le fils du duc de B... Hé! vous le savez bien, puisque vous avez essayé de tuer ce matin celui qui a le droit de revendiquer ce titre.

Le petit baron pâlit.

— Vous vous nommez Auguste Bridou ; vous êtes le fils d'un ébéniste de la rue de Montmorency...

— Monsieur, vous m'insultez !

— Chut! parlez plus bas. Vous allez me rendre ce portefeuille à l'instant ou je vous fais arrêter...

Le petit baron voulut se dégager de l'étreinte de Raoul, mais Raoul avait une main de fer.

— Vite ! dit-il, le portefeuille? et sortez!.

Raoul prit le bras du petit baron.

Le petit baron comprit que, s'il ne voulait aller coucher à la Conciergerie, il lui fallait rendre le portefeuille.

Il le rendit.

Alors M. de Saunières lui dit :

— Prenez mon bras, rentrons dans le salon, et esquivez-vous sans bruit.

. . . .

Deux minutes après, le baron s'approcha de sa cousine et lui dit :

— *Celui* que vous aimez ne viendra point ce soir.

— Mon Dieu ! fit-elle pâlissant.

— Mais rassurez-vous, il vient de gagner, à un petit accident qui lui est arrivé ce matin, un titre de duc et quatre millions. Chut ! je vous expliquerai cela plus tard.

XXXIV

Cependant M. le major Samuel, officier prussien en disponibilité, disaient ses cartes de visite, se promenait de long en large, à dix heures du soir, devant la porte de l'unique auberge de Bondy.

La nuit était noire et silencieuse. Une chaise de poste était devant la porte, et le postillon n'attendait qu'un ordre pour atteler.

— Les trois millions se font bien attendre, murmurait le major avec impatience, tout en secouant la cendre de son cigare.

Tout à coup le galop lointain d'un cheval retentit sur la route sonore qui traverse la forêt.

— Le voilà ! dit le major.

Et il rentra dans l'auberge où une jeune femme, appartenant au monde interlope de Paris, se chauffait au coin du feu, enveloppée dans une pelisse de voyage.

— Venez, mon enfant ! dit le major.

Il la prit par le bras et la fit monter dans la chaise de poste.

Puis il s'assit à côté d'elle, criant au postillon :

— Vite ! les chevaux !

Tandis que le postillon attelait, le galop se rapprochait peu à peu, et bientôt un cavalier s'arrêta à la portière de la berline de voyage.

Et s'adressant à la jeune femme étonnée :

— Ne vous appelez-vous point Augustine ? dit-il.

— Oui, monsieur, répondit-elle étonnée.

— Et l'homme qui est là près de vous est le major Samuel ?

— Que me voulez-vous ? demanda brusquement le major.

— Monsieur, répondit froidement le cavalier, je suis officier de paix, et je suis porteur d'un mandat d'arrestation dirigé contre un sieur Walter, ancien forçat autrichien, avec lequel vous avez une parfaite ressemblance.

— Je suis perdu ! murmura le major...

CONCLUSION

Un mois après les événements que nous venons de raconter, une longue file d'équipages armoriés encombrait les alentours de l'église Saint-Thomas-d'Aquin.

On célébrait deux mariages dans la paroisse aristocratique.

Le premier était celui de M. le baron Raoul de Saunières avec la pauvre veuve sans fortune, madame de Bertaut, dont le premier mari avait trouvé une mort glorieuse sous les murs de Sébastopol.

Le second mariage était celui de mademoiselle Blanche de Guérigny, qui épousait son cousin, M. le duc Raymond de C..., à qui un décret impérial avait octroyé le droit de porter le nom et le titre paternel.

Quand le cortége sortit de l'église, on put voir marcher derrière les jeunes époux une femme encore belle, malgré sa cécité, et qui pleurait à chaudes larmes.

C'était Jeanne l'aveugle, que le loyal et bon Olivier de Kermarieuc conduisait respectueusement par la main.

FIN.

RÉCIT DE CHASSE

LE PIQUEUR SONNE-TOUJOURS

I

Quand on a vingt-cinq ans, une belle fortune en terres, près, bois et moulins, un nom, une jolie figure, l'indépendance la plus complète et une seule passion, une passion honnête et avouable, — que pourrait-on désirer de plus ?

Le jeune marquis de Pré-Gilbert avait tout cela ; aussi s'estimait-il le plus heureux gentilhomme du pays de France et de la province de Bourgogne.

Le château de Pré-Gilbert était assis au bord de l'Yonne et adossé à un joli coteau chargé de vignobles ; autour de lui s'étendait une belle prairie, qui lui tenait lieu de parc ; à deux portées de fusil, au delà de la rivière, de grands bois élevaient leurs futaies majestueuses, qui abritaient une merveilleuse quantité de gibier, depuis la grande bête fauve jusqu'au modeste lièvre. Loups, sangliers, daims et chevreuils, perdrix rouges et grises, bécasses en novembre, et pluviers dorés au mois de mars, on trouvait de tout cela sur les terres du marquis.

Le marquis, avons-nous dit, n'était en proie qu'à une seule passion, la passion de la chasse.

Cette passion dégénérait en maladie, — cette maladie était héréditaire dans sa famille. Ceux des Pré-Gilbert qui n'étaient pas morts sur le champ de bataille, au service du roi, avaient succombé assurément en plaine ou sous bois, comme disent les veneurs. Le grand-père du marquis avait été décousu par un sanglier, son père éborgné par un cerf aux abois.

La plus grosse part du revenu passait, chez le marquis, à entretenir la plus belle meute de la province de Bourgogne, et le piqueur était, au château, un personnage si considérable que, de tout temps, il avait eu le privilége de joindre à ses fonctions cynégétiques l'emploi plus grave d'intendant.

Or, le jeune marquis de Pré-Gilbert avait hérité de cette noble et indomptable passion qui posséda ses aïeux, et il avait une assez belle réputation de veneur dans la contrée, malgré son jeune âge, car la chasse et la vénerie sont des sciences auxquelles l'expérience est presque indispensable.

Le piqueur du marquis était surtout un homme hors ligne, un de ces Nestors de la futaie et du taillis, un de ces Ulysses du carrefour et du fourré qui font la gloire de leur maître, le désespoir de ses voisins, dont la science passe à la postérité sous forme de proverbe, qui sont enviés par leurs contemporains et pris pour arbitres suprêmes dans les questions les plus épineuses.

Jean Guillé prononçait des arrêts sans appel sur tous les différends élevés entre chasseurs ; il jugeait froidement d'un chien, et le déclarait bon ou mauvais après une seconde d'inspection, sans l'avoir vu à l'œuvre; quand un voisin du marquis voulait fêter un visiteur ou un parent et le faire assister à une belle chasse, à un hallali véritablement fabuleux, on empruntait Jean Guillé.

Le prince de Condé ayant ouï parler de ses mérites, le fit venir un jour à Chantilly, et, enthousiasmé, lui offrit d'entrer chez lui avec des honoraires décuples.

Jean Guillé, qui était encore jeune alors et n'avait pas atteint l'âge où l'ambition commence à poindre dans le cœur de l'homme, refusa net et préféra le service de son maître, le vieux marquis de Pré-Gilbert, alors vivant.

Les Guillé étaient piqueurs de père en fils à Pré-Gilbert, comme les marquis étaient seigneurs de génération en génération.

Ces deux dynasties vivaient en bonne intelligence sous le même toit et dans la même royauté. Les marquis avaient trente mille livres de rente, les Guillé de belles et bonnes économies traduites en clos de vignes et en arpents de terre au soleil, situés tout auprès des vignobles et des champs dépendant du château.

Si bien que le dernier des Guillé, Jean, le piqueur célèbre et émérite, ne conservait son emploi que par amour pur de l'art et comme distraction, car il aurait fort bien pu installer sa femme Claire et sa fille Rose dans sa maison du village, prendre des valets de labour et des vignerons, et cultiver ses propriétés lui-même, ce qui lui eût permis de vivre dans l'aisance.

Jean Guillé, à l'époque où commence notre récit, était un homme d'à peu près cinquante ans, gros et court, bien qu'il fût un excellent écuyer, la tête chauve, mais le teint fleuri et rubicond, ainsi qu'il convient à un honnête habitant de la côte d'Yonne, qui sait apprécier les crûs merveilleux de son pays.

Sa large poitrine enfermait des poumons de Stentor, et la vigueur homérique du son de sa trompe lui avait valu le sobriquet de *Sonne-Toujours*. Ce sobriquet lui était resté ; petit à petit on avait oublié de l'appeler Jean Guillé pour lui donner son surnom, et, en fin de compte, d'Auxerre à Clamecy et d'Avallon à Sens, on ne parlait que de M. Sonne-Toujours.

M. Sonne-Toujours habitait un pavillon séparé du château par un potager; sa femme s'occupait des soins du ménage, et sa fille Rose était la lingère, l'intendante au petit pied du château.

Les valets dont la défroque s'usait, les femmes de service qui désiraient une augmentation de gages, les fournisseurs de toute nature et les pauvres de la paroisse s'adressaient à mademoiselle Rose. Rose était une charmante enfant de dix-huit ans, blonde comme une création de Rubens, au teint de lis, à la taille svelte et souple, aux petites mains blanches ornées de beaux ongles taillés en amande.

Le pied de Rose n'était pas plus petit peut-être que celui de Cendrillon, mais il l'était assez pour

qu'on pût croire que le conte charmant de Perrault,
— si Perrault eût vécu de ce temps, — avait été
fait pour elle.

Rose et le marquis, nés sous le même toit, s'aimaient fort tendrement. Ils avaient passé une partie de leur enfance ensemble, ensemble ils avaient grandi et partagé les mêmes jeux.

Seulement, Raoul de Pré-Gilbert ne voyait en Rose qu'une amie, une bonne sœur, une petite fille sans importance, qu'on aime pour sa gentillesse, tandis que Rose, beaucoup moins aveugle, se prenait parfois à soupirer bien bas et à penser que le hasard, s'il eût été juste, l'aurait dû faire naître femme de qualité, ou tout au moins placer le marquis dans un milieu moins élevé et qui lui permît de songer à elle.

Malheureusement, Raoul de Pré-Gilbert n'avait fait aucune de ces deux réflexions, — et toutes ses facultés, tous ses instincts étaient trop absorbés par sa passion dominante pour qu'il eût le temps de songer à un amour quelconque.

Quand il revenait de la chasse, chevauchant côte à côte avec son piqueur et marchant en tête de ses chiens, Raoul, en mettant pied à terre dans la cour du château, déposait un baiser bien affectueux, bien innocent et bien froid sur le front rougissant de Rose, — et Rose soupirait et se disait avec dépit : Soyez donc jolie à croquer pour qu'on ne s'en aperçoive seulement pas !

Or, en ce temps-là, bien qu'il passât ses journées à cheval, quand il chassait à courre, ou dans les vignes, ou sur les coteaux, lorsqu'il se contentait de poursuivre, avec un chien d'arrêt, une compagnie de perdreaux et de tuer un lièvre au *déboulé*, le jeune marquis de Pré-Gilbert avait fini par prêter une oreille inquiète, — à son double titre de gentilhomme et de riche propriétaire, — aux sourdes rumeurs qui grondaient à l'horizon politique. La tempête de 93 approchait et devenait de plus en plus menaçante chaque jour.

Déjà le marquis avait vu ses voisins les plus alarmés quitter le pays et commencer l'émigration ; ses joyeux compagnons de vénerie s'en allaient un à un; sa trompe de chasse résonna bientôt solitaire sous la futaie, sa meute fut bientôt la dernière qui osa suivre à pleine gueule un daim ou un sanglier dans les champs des paysans égarés et furieux et sur le territoire des communes qui arboraient avec enthousiasme le drapeau tricolore.

Raoul avait l'insouciance de son âge, la bravoure de ses pères ; il était aimé dans le pays, et continua hardiment à chasser et à signer ses lettres, ses baux et ses conventions de son titre de marquis. Un soir cependant, à onze heures, par une nuit sombre de novembre, un cavalier s'arrêta à la porte du château et secoua la sonnette de la grille fort longtemps avant d'avoir réveillé ses hôtes endormis.

Ce cavalier était un magistrat de la ville voisine. Il se fit introduire auprès de Raoul et lui dit simplement :

— Monsieur le marquis, si vous persistez à demeurer dans votre château et à vous montrer à la tête de trente ou quarante chiens de meute, vous serez guillotiné à Auxerre avant huit jours. Vous avez été dénoncé au district, et comme j'étais l'ami de votre père, je transige avec mes fonctions et mon devoir pour venir vous sauver. Vous n'avez qu'un parti à prendre et pas une minute à perdre. Montez à cheval et fuyez. Allez vers le nord-est, passez le Rhin. Vous ne serez en sûreté qu'à Coblentz, dans les rangs de l'armée de Condé. Je me suis procuré un passe-port pour vous, sous un nom supposé; le voici.

Raoul comprit enfin que sa vie était compromise s'il restait, et son honneur aussi, car son devoir de royaliste et de gentilhomme l'appelait à Coblentz. Il réveilla son piqueur Sonne-Toujours et tous les serviteurs du château, à qui il annonça son départ et fit ses adieux.

Rose se prit à sangloter comme un enfant, et la bonne Claire, tout émue, serra dans ses bras son jeune seigneur.

Jean Guillé témoigna une vive douleur à son maître, mais cette douleur prenait surtout sa source dans la navrante pensée qu'on ne chasserait plus à Pré-Gilbert. Sonne-Toujours aimait le marquis, au demeurant, parce que le marquis possédait la plus belle meute de l'Auxerrois.

Le marquis absent, plus de meute.

—Mon ami, dit Raoul à son piqueur, ceci est une bourrasque dont, Dieu aidant, la noblesse de France aura bientôt raison. Avant six mois, je l'espère, l'armée des princes, victorieuse, aura traversé la France, assiégé Paris et délivré son roi. Je pars, mais tu me verras revenir bientôt. Je te confie mes intérêts, ma fortune, le soin de mes revenus. Conserve mes chiens si tu peux, et réalise-moi de l'argent, si la chose est possible, car j'en aurai besoin peut-être à l'étranger.

Ces recommandations faites, le marquis ceignit ses reins d'une ceinture de cuir renfermant quelques centaines de louis, revêtit un habit de voyage de la plus simple apparence, choisit un de ses domestiques pour l'accompagner, embrassa les autres, et partit.

Huit jours après, Raoul de Pré-Gilbert atteignait les bords du Rhin et se présentait à l'armée de Condé, laquelle, presque entièrement composée de gentilshommes, comptait dans ses rangs beaucoup de veneurs qui charmaient les douleurs de l'exil et les fatigues de la guerre par de fabuleuses campagnes de chasse dans ce merveilleux pays où chaque buisson est une bauge ou un fort, où chaque sillon cache un lièvre et chaque carré de luzerne de nombreuses compagnies de perdreaux.

Les six mois fixés par le jeune marquis comme délai accordé à son absence s'écoulèrent, puis six autres après. — La révolution grandissait; le roi était mort; M. de Robespierre, de concert avec Samson, avait fini par convertir la France en un vaste et lugubre abattoir, et le plus pur de son sang coulait à flots sur les échafauds dressés aux quatre coins du pays.

Quelques victoires chèrement achetées, quelques batailles noblement perdues : c'était tout ce qu'avait pu faire la chevaleresque armée des princes pour son pays et son roi.

Raoul s'était vaillamment comporté ; il avait tiré l'épée en homme qui sait s'en servir, et avait rougi plusieurs fois de son sang le sol des champs de bataille au cri enthousiaste de : Vive le roi!

Mais il continuait en même temps à s'adonner à sa passion favorite, il chassait le plus possible, courait le cerf et l'élan, cette noble bête des forêts du nord qu'envient nos forêts, traquait l'ours dans la montagne Noire, et tirait le faisan dans les îles du Rhin.

Cependant une tristesse qui, tous les jours, revêtait des teintes plus sombres, s'emparait de lui peu à peu. Au milieu de cette noblesse ruinée, et qui conservait néanmoins son esprit et sa bonne humeur, Raoul se laissait gagner par une noire mélancolie, — en dépit des fêtes cynégétiques auxquelles il assistait et prenait part quotidiennement; — il regrettait les futaies modestes, les humbles coteaux, les vignes du pays bourguignon.

Il se souvenait à peine de son château, peut-être; mais son piqueur Sonne-Toujours, sa meute où les bâtards anglais avaient commencé à s'introduire, et ses chasses, moins brillantes sans doute que celles des bords du Rhin, mais qui lui rappelaient son heureux temps, revenaient sans cesse en sa mémoire.

Lorsqu'il plantait son couteau de chasse dans le poitrail d'un élan pour en faire la curée, il songeait aux chevreuils de ses bois; — les faisans du Rhin lui faisaient regretter les perdrix rouges de ses coteaux.

Le marquis, avouons-le, résista longtemps à cette humeur sombre qui s'emparait de lui; il lutta énergiquement et essaya de triompher.

Son courage, sa résignation, ses forces succombèrent. Un matin il se leva avec la résolution de rentrer en France, dût-il marcher à l'échafaud, et de regagner les futaies de Pré-Gilbert.

— J'ai le mal de chasse du pays, se dit-il ; mourir ici ou là-bas, peu importe !

Et il se mit bravement en route.

II

Il nous paraît assez utile maintenant de raconter ce qu'étaient devenus le château de Pré-Gilbert, la meute de jolis bâtards anglais, le piqueur Sonne-Toujours et sa famille.

Dix-huit mois s'étaient écoulés depuis le départ du marquis Raoul ; — pendant ce laps de temps, le roi était monté sur l'échafaud, les émigrés déclarés hors la loi et soumis à la confiscation.

Le château de Pré-Gilbert fut mis en vente un matin, comme bien national, et les acquéreurs se présentèrent en petit nombre, en faisant de maigres offres ; car il y avait peu de gens assez hardis pour oser aventurer leurs fonds en des ventes qu'une révolution nouvelle pouvait déclarer nulles et mettre à néant.

L'émotion fut vive dans la maison de Jean Guillé, le piqueur et l'intendant du château. Claire se mit à pleurer et Rose frissonna : elle conçut cependant comme un mouvement de joie ; il lui sembla que Raoul devenu pauvre serait moins éloigné d'elle

Quant à maître Sonne-Toujours, il ne put apprendre sans un violent accès de colère qu'on allait vendre le château, couper les bois et désorganiser la meute. Avant tout, Jean Guillé était veneur ! Or, les paysans des environs, bien que très-chauds partisans de la république, n'avaient pu, en quelques jours s'habituer assez aux idées de fraternité, d'égalité, que prêchaient les représentants de la nation, pour ne pas éprouver le besoin de témoigner leur sympathie, leur obéissance et leur respect à quelqu'un.

Les seigneurs de la contrée partis ou guillotinés, les intendants se trouvèrent être de grands personnages, des hommes influents, qui faisaient dans le pays le beau temps et la pluie, s'exprimaient fort librement sur les événements politiques, et étaient toujours à la tête du district, ce qui garantissait leur sûreté personnelle.

L'importance de maître Sonne-Toujours, déjà si grande au temps où ses mérites en vénerie étaient seuls en relief, s'accrut considérablement après le départ du marquis. On le nommait, il est vrai, citoyen Guillé, mais on le saluait tout aussi bas que Raoul naguère. Il était devenu maire de Pré-Gilbert, l avait s on franc parler à Auxerre, et, insensiblement, il commençait à goûter les nombreuses réormes de la révolution avec d'autant moins de remords qu'il continuait à chasser, courant tous les jours, sous le prétexte qu'il fallait détruire le gibier des aristocrates. Le prétexte était bon, le district autorisa le citoyen Sonne-Toujours à faire résonner des puissants accords de sa trompe tous les bois du ci-devant marquis de Pré-Gilbert.

L'accès de colère qui s'empara de Jean Guillé en apprenant la mise en vente du château fut moins le résultat de son attachement au marquis que l'effet de la pensée qu'il allait être expulsé du pavillon, et qu'on débiterait la meute aux plus offrants, comme le plus vil bétail.

L'accès de colère, si violent qu'il fût, finit pourtant par se calmer, et alors le citoyen Sonne-Toujours se prit à méditer, et sa méditation amena cette réflexion :

—J'ai pas mal de beaux écus bien enfermés dans de solides sacoches de cuir ; les écus sont rares par le temps d'assignats qui court : mille francs de numéraire valent dix mille francs d'assignats : pourquoi n'achèterais-je pas le château pour le préserver de la déprédation, sauver les bois, la meute et la fortune du marquis ? Lorsqu'il reviendra, il me remboursera mon argent.

Le raisonnement était juste; Sonne-Toujours était un homme actif, intelligent et de résolution. Il intimida les uns, fit courir, par les autres, le bruit qu'il était fort riche, découragea par avance les acquéreurs qui comptaient pousser l'enchère, et, le jour de la vente arrivé, il se présenta presque seul.

Le château, ses dépendances, meubles et immeubles, les bois, les prairies, tout ce qui constituait la fortune du marquis lui fut adjugé pour deux cent mille francs, qu'il paya en assignats, après avoir acquis cette somme en papier avec vingt mille francs d'écus.

Le soir, le citoyen Jean Guillé, dit Sonne-Toujours, maire de la commune de Pré-Gilbert, membre du district, etc., fut déclaré possesseur légitime, propriétaire sans conteste du château, des bois et des fermes du ci-devant marquis de Pré-Gilbert.

En achetant les terres de son ancien maître, le piqueur était de bonne foi ; il songeait sérieusement à les lui restituer un jour, et sa femme et sa fille n'avaient jamais compris autrement cette acquisition.

Mais Jean Guillé n'avait point compté sur la dangereuse ivresse de la possession, sur les fumées d'ambition et d'orgueil qui allaient lui monter à la tête.

Le lendemain, il visita ses limites et il éprouva un tressaillement de vanité en songeant que tout cela, vignes, forêts, champs, prairies et château, lui appartenait bel et bien de par la loi, qu'il l'avait payé, et que rien ne le pourrait obliger à s'en dessaisir si la fantaisie de tout garder le prenait.

Le jour suivant, afin, pensa-t-il d'abord, qu'on ne fît aucune supposition malveillante et suspecte sur le motif qui l'avait poussé à se rendre acquéreur, le lendemain, disons-nous, il s'installa dans les appartements du château, au grand scandale de sa femme Claire et de sa fille Rose, qui levaient les yeux au ciel et semblaient lui demander grâce pour cette profanation.

Le troisième jour, Jean Guillé chassa. Il fit découpler sa meute dans le bois voisin, et il éleva aux fonctions de piqueur un simple valet de chiens, ne pouvant plus être piqueur lui-même, puisqu'il était devenu maître et chassait pour son propre compte. Jamais la futaie ne lui parut plus ombreuse, le taillis plus vivace et de meilleure venue, la meute plus ardente et plus infatigable.

La possession décuplait les jouissances de veneur du citoyen Sonne-Toujours.

Le soir, au débotté, il trouva charmant d'avoir son souper servi dans la grande salle à manger du château, et de se coucher ensuite dans un vaste lit à colonnes torses et à baldaquin de soie. Il y dormit plus mal, peut-être, que dans le sien, dont il avait l'habitude, mais il ne s'en éveilla pas moins tout guilleret et tout dispos, bien résolu à courre, le jour même, un daim dix-cors, au mépris des lois sur l'égalité et la fraternité.

Au bout de huit jours, Jean Guillé se surprit à faire les réflexions suivantes :

— Après tout, le château de Pré-Gilbert m'appartient, puisque je l'ai payé... Je ne dis pas que si le marquis revenait...; mais il ne reviendra pas... Voici plus d'un an qu'il n'a donné de ses nouvelles, et sans doute il a été tué à l'armée de Condé... Si cela était, je n'aurais pas le moindre remords, et, d'ailleurs, je n'ai rien volé ; je suis un honnête homme... Ce que j'ai m'appartient... Si je rendais son château au marquis, ce serait par pure obligeance...

Une fois entré dans le cercle de ces restrictions mentales, le citoyen Sonne-Toujours ne s'arrêta plus ; le lendemain, à la vue des plafonds écussonnés, il songea charitablement que ces vestiges de l'aristocratie lui pourraient causer des désagréments et des taquineries. Il fit donc venir des ouvriers, leur ordonna de passer une couche de plâtre sur les armoiries du marquis ; mais trouvant, après cette opération, que les plafonds étaient nus à l'œil, il ne put résister à la fantaisie de faire peindre son chiffre entrelacé au lieu et place des écussons.

Quelque temps après, il parut craindre d'être

suspecté de fidélité à l'ancien régime s'il conservait les serviteurs du marquis. Il les congédia jusqu'au dernier, et, comme la république une et indivisible n'autorisait point la domesticité en France, il prit quatre *officieux* pour le servir.

Un peu plus tard, tandis qu'il dînait somptueusement, au mépris de la frugalité républicaine, il dit brusquement à sa fille :

— Rose, mon enfant, tu as vingt ans tout à l'heure; il faudrait songer à t'établir.

— Et qui voudrait d'une pauvre fille comme moi? demanda Rose avec une naïveté parfaite.

— Une pauvre fille, massacre de cerf! exclama le nouveau châtelain, une pauvre fille ! mais tu auras trente mille livres de rente un jour, et tu te trouves une pauvre fille !

Claire et Rose se regardèrent avec stupeur.

— Eh bien! reprit le citoyen Sonne-Toujours, qu'y a-t-il là de bien surprenant? Ma prairie du bord de l'eau rapporte mille écus, mes vignes de la côte donnent, bon an mal an, de douze à quinze mille livres, je puis couper chaque mois de mars pour deux mille écus de bois, et les réserves, les champs, etc., s'élèvent bien à trois ou quatre mille livres de revenu. Or ze et trois font dix-huit, et six vingt-quatre, quatre vingt-huit. Tu vois que nous ne sommes pas bien loin de compte.

— Mais, s'écria Rose, le marquis?

— Le marquis est mort, c'est probable... D'ailleurs son bien est à moi; je l'ai payé, et je le garde.

— Mais c'est affreux !

Tarare! répondit Sonne-Toujours ; quand on

a payé, on est chez soi. J'ai fait une bonne affaire, je n'en disconviens pas ; mais il n'est pas défendu d'avoir du bonheur, et si je n'avais pas acheté le château, il eût été pour un autre.

A partir de ce jour, maître Jean Guillé, fort de son droit, se complut à faire des projets pour l'avenir ; il tailla, rogna, ajouta, arrangea dans ses domaines; il planta un parc, bâtit un corps de logis et augmenta le nombre de ses chiens. Il se prit à songer même que sa fortune lui permettait d'avoir quelque ambition politique, et il se promit de se mettre sur les rangs à la prochaine élection de représentants.

Puis, comme la vanité humaine n'a pas de bornes, il pensa que la république pourrait bien finir par imiter la monarchie, et qu'à l'exemple de Rome, elle créerait une noblesse nouvelle pour remplacer l'ancienne.

Le titre de baron eût séduit fort maître Sonne-Toujours. Mais comme il n'est pas de rêve sans réveil, de ciel sans nuages et de bonheur parfait, une préoccupation terrible empoisonnait l'opulente sérénité de l'ancien piqueur. Il craignait que la France, lasse enfin du joug sanglant de la Terreur, ne se soulevât un beau jour pour renverser la république et rappeler ses rois légitimes. Alors, si le marquis n'était pas mort, lui, Jean Guillé, risquait fort d'être contraint de rendre gorge.

Cette affreuse pensée troublait le sommeil du pauvre homme et lui donnait le vertige. Dans ces moments-là il se prenait à souhaiter que la guillotine fît des petits et se multipliât tellement qu'il ne restât pas un seul gentilhomme dans l'univers.

Or, un soir, on sonna à la grille du château, et Rose, qui s'était approchée de la croisée, poussa un cri, devint pâle et chancela.

III

Aux dernières lueurs du crépuscule, Rose avait aperçu un mendiant, une sorte de gueux en haillons, la barbe et les cheveux longs, le visage hâve et souffrant.

Mais ce mendiant, elle l'avait reconnu, et son cœur s'était pris à battre avec une telle violence qu'elle chancela et faillit s'évanouir.

Sa mère la soutint dans ses bras, tandis que Jean Guillé, ému par ce cri qu'avait poussé son enfant, sautait sur un fusil à double coup déposé dans un coin et se précipitait hors de la salle à manger pour savoir de quoi il était question.

Deux des officieux de maître Sonne-Toujours s'étaient dirigés avant lui vers la grille qu'ils avaient ouverte, et le maître du logis se trouva face à face avec le nouvel arrivant.

— Qu'est-ce que ce mendiant? s'écria-t-il avec colère, ce vagabond, ce gueux, qui vient sonner à la porte d'une honnête maison à l'heure où les bons citoyens sont paisiblement retirés chez eux?

Et, dans son emportement, maître Jean Guillé examina dédaigneusement les vêtements déchirés et souillés de l'homme qui se présentait.

— Jean Sonne-Toujours! s'écria ce dernier, tu ne me reconnais donc pas?

Au son de cette voix qui éveillait en lui tout un monde de souvenirs, maître Sonne-Toujours recula d'un pas et demeura bouche béante et l'œil hagard, comme s'il eût vu se dresser devant lui un fantôme, le spectre d'un homme qu'il aurait assassiné.

— Monsieur le...

Le mendiant lui ferma la bouche d'un geste.

— Citoyen Guillé, lui dit-il, j'ai à vous parler.

Et d'un regard il indiqua les deux officieux du nouveau châtelain.

Sonne-Toujours fit un signe impérieux aux valets, qui s'en allèrent.

Alors le mendiant reprit :

— Jean, mon ami, je viens de loin, j'ai soif et j'ai faim : donne-moi à manger et à boire ; après nous causerons.

Et il se dirigea vers la porte d'entrée du château, se croyant suivi par Sonne-Toujours.

Mais Sonne-Toujours ne bougeait ; il était à la même place, muet, immobile, et comme frappé de la foudre.

Sur le seuil, le mendiant se trouva face à face avec Rose et sa mère.

Rose poussa un nouveau cri et lui sauta au col.

— Raoul ! murmura-t-elle. Monsieur Raoul, est-ce vous ?

— Monsieur le marquis, notre bon maître ! exclama la pauvre Claire, qui pleurait et tremblait d'émotion.

— Oui, c'est moi, mes amis, répondit tout bas le marquis de Pré-Gilbert touché de cet élan ; c'est moi, mais parlez bas.

Les deux femmes l'entraînèrent dans la salle à

manger, fermèrent les portes soigneusement, comme si elles avaient redouté qu'on ne leur vînt arracher le proscrit sur l'heure pour le conduire à l'échafaud, et là elles se jetèrent à ses genoux, baisèrent ses mains, l'accablèrent de caresses.

Rose roula un fauteuil au bout de la table, à la place d'honneur, cette place où Raoul prenait jadis son repas solitaire, et elle lui dit de sa jolie voix à laquelle la joie et les larmes ajoutaient une harmonie de plus :

— Mettez-vous là, monsieur le marquis ; vous avez faim, vous avez soif, buvez et mangez, vous êtes toujours chez vous.

— Hélas ! non, mes amies, répondit Raoul, je ne suis plus chez moi, mais chez vous.

— Nous verrons bien, murmura Rose... Mon père est un honnête homme... et...

— Ton père, mon enfant, a acheté et payé mes biens ; ces biens sont à lui... ; je ne les réclame pas.

Claire se prit à fondre en larmes ; mais Rose, qui était une fille de résolution et de cœur, fronça ses blonds sourcils avec une expression de colère tout olympienne, et elle répéta :

— Nous verrons bien !

En ce moment, la porte s'ouvrit brusquement, et maître Sonne-Toujours apparut sur le seuil. De pâle qu'il était naguère, le petit homme était devenu tout rouge ; son œil brillait d'un feu sombre ; sa démarche brusque, son geste fiévreux et saccadé contrastaient étrangement avec son immobilité de tantôt.

Sonne-Toujours paraissait en proie à un accès de folie furieuse.

— Massacre de cerf! disait-il, la République une et indivisible, que l'Être suprême la conserve!- la République a une mansuétude réellement ridicule. Elle laisse les aristocrates, les ennemis de la patrie, pénétrer dans son sein et s'y chauffer à leur gré.

Les deux femmes joignirent les mains et levèrent les yeux au ciel.

— Le citoyen Robespierre, poursuivit Sonne-Toujours avec exaltation, protége cette race maudite, — la chose est évidente ; — s'il ne les protégeait pas, verrait-on des ci-devant venir frapper à la porte d'un bon et loyal patriote tel que le citoyen Jean Guillé?

Raoul écoutait avec stupeur.

— Après tout, poursuivit Sonne-Toujours, revenant à une idée fixe, les biens des aristocrates ont été légalement vendus par la nation; ceux qui les ont acquis en sont bien les légitimes propriétaires, et si les tyrans eux-mêmes revenaient, ils n'y pourraient rien.

— Eh! qui diable te parle de me rendre mes biens, mon pauvre Jean? s'écria le marquis devinant enfin le secret mobile du patriotisme écarlate de son ancien piqueur. Sois tranquille, mon ami, je ne te demande qu'à souper.

A ces paroles froides et un peu railleuses, Sonne-Toujours recula et regarda le marquis :

— Vrai? fit-il avec un accent de joie qui fit monter au front des deux femmes la rougeur qui naît de la honte.

— Très-vrai, répondit Raoul avec calme.

— Ainsi vous ne venez pas... pour me... dépouiller?

— Je n'y ai nullement songé.

— Vous me laisserez mon château? demanda le piqueur avec l'accent de naïve angoisse d'un enfant qui sollicite un jouet, auquel on le promet sans hésiter, et qui n'y peut croire, tant il redoutait de ne pouvoir l'obtenir.

— Je te laisserai ton château, tes bois, tes vignes, tes prairies, dit tranquillement Raoul.

Le mouvement de joie, l'accès de cupide ivresse qu'éprouva Jean Guillé fut tel, à ces paroles, qu'il faillit se précipiter aux genoux de son ancien maître, et eut toutes les peines du monde à se souvenir que la République française et M. de Robespierre avaient interdit aux patriotes toute démonstration servile qui pût rappeler les tyrans.

— J'ai toujours pensé que vous étiez un honnête homme! dit-il au marquis d'un ton burlesquement digne, — et que vous ne voudriez point vous approprier le bien d'autrui.

Le marquis réprima un sourire, les deux femmes un geste d'indignation et de pitié.

— Mon bon ami, dit Raoul à Sonne-Toujours, tu me permettras, je l'espère, de t'expliquer mon retour et son but. Je vais le faire pendant que tu achèveras ton souper, que j'ai interrompu. Mettez-vous donc à table, mes amis.

Les deux femmes ne bougèrent pas et continuèrent à demeurer derrière le marquis. Sonne-Toujours lui-même hésita un moment à s'asseoir à la table de son ancien seigneur; mais il se souvint qu'il était membre du district, maire de la commune de Pré-Gilbert, qu'il possédait de vingt-huit à trente mille livres de rente, et alors il n'hésita plus. Il se mit bravement à table et osa regarder le marquis en face.

— Mon pauvre Jean, reprit celui-ci, tu es devenu républicain, partisan de M. de Robespierre et de la Convention, membre du district, maire de Pré-Gilbert, que sais-je ! Ceci est affaire d'opinions, et Dieu m'est témoin que peu m'importe ta manière de voir en politique. Mais j'aime à croire qu'en changeant de foi, de maître et d'idoles, tu n'as point tellement rompu avec le passé que tu aies oublié nos campagnes de chasse, ta belle réputation de veneur, et ton vigoureux coup de trompe n'a pu être réduit à un éternel silence.

Ces paroles réveillèrent les instincts de Sonne-Toujours.

— Ah ! ah ! dit-il avec une orgueilleuse satisfaction, vous verrez ma meute, citoyen marquis, et vous en jugerez...

— Pouah ! fit le marquis, appelle-moi Raoul tout court, mais non citoyen ; ce mot hurle aux oreilles.

— Excusez-moi, dit Jean Guillé, c'est une affaire d'habitude.

— Tu n'as donc pas conservé mes chiens ?

— Si fait ! mais j'en ai acheté d'autres... des chiens de la race *céris* de Saintonge, tout ce qu'il y a de plus beau et de mieux engorgé : robe blanche et feu orangé, jambes nerveuses, pied lent, pendants magnifiques, voix du diable. Quand ces braves bêtes poussent un sanglier à pleine gorge, on les entend d'Avallon et de Clamecy.

— A merveille! murmura Raoul, dont l'œil commençait à s'allumer.

Puis il contiuua avec calme :

— Figure-toi, mon ami, que je reviens ici comme un homme malade, un Breton qui a besoin de revoir ses landes natales, un veneur réduit à l'inaction. J'ai le mal de chasse du pays.

— Plaît-il? fit Jean Guillé, qui ne comprenait nullement.

— Écoute-moi! En Allemagne on fait des chasses que nous n'eussions jamais osé rêver dans notre meilleur temps; le gibier vous grouille dans les jambes de l'autre côté du Rhin, les cerfs vont par bandes et les daims par compagnies. On y renonce à tirer le lièvre, et on dédaigne de courir le chevreuil, ce maître ès ruses, ce professeur de randonnées savantes. On force l'élan et l'ours avec des chiens plus grands que nos loups, et tuer sa douzaine de faisans en deux heures est une récréation qu'on dédaigne habituellement.

— Massacre de cerf! exclama Sonne-Toujours, voilà un pays à mettre sous verre.

— Eh bien! reprit tristement Raoul, j'aime mieux nos chasses de l'Auxerrois.

— Peuh! fit Sonne-Toujours avec suffisance, on y fait quelques beaux coups; mais je donnerais mon château...

— Pour courir un élan, peut-être?

— Peste!

— Te souviens-tu, continua Raoul, lorsque mon

cousin de Ch... ou le baron de H... nous invitaient à aller faire une Saint-Hubert en Morvan ?

— Sans doute, monsieur le marquis.

— Nous y avons eu de belles journées, car le Morvan est encore un plus beau pays de chasse que l'Auxerrois. Eh bien ! malgré tout, quand nous revenions après avoir forcé un dix-cors, nous nous levions plus gaîment le lendemain pour courre un chevreuil.

— C'est vrai.

— Mon pauvre ami, vois-tu, rien ne vaut la chasse du pays natal. Tuer une perdrix sur le revers du coteau qu'on voit de sa fenêtre est un plaisir plus grand que faire coup double sur des faisans en terre étrangère. Ce sentiment-là a tellement grandi en moi, il m'absorbait et me dominait à un tel point, que j'ai risqué vingt fois ma vie pour venir ici chasser encore un peu sur tes terres.

Aussi, comme il eût été imprudent de demander des passe-ports et de voyager en plein jour, j'ai laissé pousser ma barbe, j'ai endossé la livrée de la misère, implorant çà et là la charité publique pour n'éveiller aucun soupçon, dormant pendant la journée dans une grange à foin, au revers d'un fossé, marchant pendant la nuit, et sentant ma tristesse s'en aller à mesure que j'approchais de nos coteaux. Il y a une heure, là-haut, dans un chaume, j'ai fait lever un lièvre dans mes jambes. Mon cœur s'est pris à battre... J'ai cru que j'allais manquer de force pour arriver.

Sonne-Toujours comprenait et ressentait si bien lui-même ces émotions, qu'il avait presque oublié que l'homme qui était devant lui pouvait le dépouiller si les tyrans revenaient un jour.

— Enfin, me voilà, reprit Raoul, me voilà chez toi, en tes mains, à ta discrétion. Je suis hors la loi, inscrit sur la liste des émigrés; tu peux me faire guillotiner si tel est ton bon plaisir, d'autant mieux que tu es maire de ta commune, et que tu peux invoquer pour excuse le mot de devoir.

La nation a confisqué mes biens et les a vendus; tu les a achetés, ils sont bien à toi, je n'ai rien à redire et ne réclame rien. Ainsi, rassure-toi, je n'aurais garde de troubler ta joie et ta paix de riche propriétaire. Mais tu ne refuseras pas de me cacher quelque part, dans les combles du château, si tu veux, et de me laisser chasser sur ces terres qui m'appartenaient jadis.

— Ah! mon cher seigneur, murmura Claire avec transport, vous loger dans les combles!

— Les chasseurs sont bien partout, ma bonne Claire, répondit Raoul avec douceur.

— Mais vous, ici, chez vous! continua-t-elle : la plus belle chambre du château est pour vous, la place d'honneur à table pour vous.

— Hein? fit Jean Guillé, qu'est-ce que tout ce bavardage, femme?

— Claire oublie toujours qu'elle est chez elle, dit le marquis.

— Massacre de cerf! je le crois bien qu'elle est chez elle! cela m'a coûté assez de beaux écus, s'il vous plaît!

Et Sonne-Toujours se rengorgea et se donna un maintien important.

— Ah! mon Dieu! exclama la pauvre femme, la République a bien fait des malheurs!

— Pardon, interrompit durement le maire le Pré-Gilbert, tout cela ne vous regarde point, madame Guillé.

Le marquis se prit à sourire.

— Mon père, dit Rose gravement, je suis une fille respectueuse, et Dieu me préserve de vous adresser de dures paroles. Cependant...

— Cependant, quoi ?

— Je veux dire que votre fortune vous tourne la tête au point de vous rende ingrat.

— Plaît-il, mam'zelle ?

— Oui, fit-elle avec fermeté, vous êtes si enflé de la possession des biens de M. le marquis, que vous oubliez que vous fûtes longtemps à son service, que même vous y êtes né, et que lui et ses pères vous comblèrent d'amitiés et de bienfaits.

Ce direct et sanglant reproche alla au cœur de maître Sonne-Toujours, il rougit et balbutia :

— Monsieur le marquis sait bien qu'il est ici chez lui, et que tout ce que je possède...

— Merci, mon ami, répondit Raoul touché de la confusion du bonhomme.

— Mais, ajouta aussitôt l'ancien piqueur, monsieur le marquis est trop juste, trop honnête citoyen... pardon, je voulais dire trop honnête homme, pour ne pas comprendre que la nation, en confisquant les biens des nobles, était dans son droit, et que ceux qui les ont achetés...

— En sont les propriétaires fort légitimes, dit Raoul.

— A la bonne heure !, voilà qui est parlé convenablement et comme un bon citoyen.

— Mon cher Jean, je t'ai déjà...

— Pardon, monsieur le marquis, cela ne m'arrivera plus, je vous le promets.

— Ainsi tu m'offres l'hospitalité ?

— Pardienne ! puisque vous ne réclamez pas...

— Je ne réclame absolument rien.

— Monsieur le marquis, vous êtes ici chez vous; demeurez-y tant que cela vous plaira; choisissez tel appartement du château qui pourra vous convenir, et Dieu... pardon! l'Etre suprême aidant, nous ferons encore plus d'une belle chasse.

— Bravo, Jean ! tu es brave homme au fond, et j'attendais cette offre de toi.

— Si mon père savait combien il est ridicule et odieux dans son rôle de gros seigneur, il irait se jeter dans l'Yonne, pensait Rose.

— Mon Dieu! se disait Claire en même temps, faut-il donc voir le monde renversé à ce point que le serviteur marchande à son maître l'hospitalité !

— Mais vous m'assurez bien... demanda le soupçonneux propriétaire du manoir et des futaies de Pré-Gilbert.

— Je t'assure, articula froidement le marquis, que je n'y songe nullement.

— D'ailleurs, comprenez bien, monsieur le marquis, que pour déposséder un homme...

Raoul impatienté haussa les épaules.

Sonne-Toujours n'y prit garde, et poursuivit son raisonnement plein d'arguties :

— Pour déposséder un homme, voyez-vous, monsieur le marquis, il faut un jugement; pour obtenir ce jugement, il faut invoquer l'appui de la loi, et la loi ne peut pas se condamner elle-même, puisque c'est elle qui a ordonné la vente des biens d'émigrés.

— C'est parfaitement raisonné, mon pauvre Jean; mais à quoi bon te donner tant de peine pour convaincre un homme convaincu?

— Ah! dame, monsieur le marquis, il est toujours bon d'établir ses droits En Normandie, où je suis allé chercher des chiens, le mois dernier, tout le monde est de cet avis, et j'y ai entendu un avocat, — dans ce pays-là il y en a beaucoup, — qui disait très-nettement que le meilleur moyen de prouver son droit était d'avoir un bon petit danger à suspendre sur la tête de ceux qui seraient d'avis de le contester.

— Ah! ah! fit joyeusement le marquis, lequel avait une assez belle humeur lorsqu'il devait chasser le lendemain, et commençait à s'amuser fort de la grotesque importance de maître Sonne-Toujours, et quel est ce péril, maître Jean?

Jean parut embarrassé, tellement la question était directe; mais Jean Guillé était trop persuadé de son importance et de sa valeur pour être embarrassé longtemps; il répondit donc avec assurance:

— Autrefois, monsieur le marquis, du temps de l'ancien régime, le roi était tout-puissant et les nobles fort respectés. Il ne fallait pas être gentilhomme si on avait la fantaisie d'être pendu, vu que les gentilshommes étaient décapités.

— C'était leur droit, dit fièrement Raoul.

— Or, voyez-vous, monsieur le marquis, la République, en proclamant les droits de l'homme, a voulu qu'ils fussent tous égaux, et elle a institué la guillotine pour tous, nobles ou roturiers... elle a même, la guillotine, une préférence marquée pour les nobles...

— C'est-à-dire que tu me ferais guillotiner si tu pensais que j'eusse à élever quelque réclamation à l'endroit de mes biens ?

Sonne-Toujours ne répondit pas.

— Maître Guillé, dit Raoul avec hauteur et se levant d'un air froid et digne, tâchez donc, je vous prie, de ne point vous approprier par la menace ce que nul ne songe à vous réclamer. Je vous ai connu honnête homme jadis, vous n'avez pas besoin d'essayer de ne plus l'être pour conserver ce que personne ne vous veut arracher.

Et Raoul fit un pas pour sortir de la salle. Le sang du gentilhomme parlait en lui, à cette heure, plus haut que la voix de sa passion favorite.

Mais au moment où il gagnait la porte, Rose se précipita vers lui et lui barra le passage.

— Monsieur le marquis, dit-elle humblement, vous êtes libre de quitter cette maison qui fut à vous, dont les buveurs de sang, que mon père préconise, vous ont dépouillé, et que lui, mon père, a achetée pour une poignée d'écus ; mais vous ne partirez pas sans que ma mère et moi vous suivions, car ni elle ni moi ne voulons être dans l'aisance lorsque notre ancien seigneur, celui dont nous avons mangé le pain pendant tant d'années, et au service duquel mon père et les siens amassèrent le peu qu'ils possédaient, sortira pauvre et comme un proscrit de la demeure de ses pères.

Sonne-Toujours se leva, en proie à un accès de

colère ; mais un geste impérieux de sa fille, un geste rempli de dignité et de noblesse, le cloua à sa place.

— Mon père, lui dit-elle alors, faites donc des excuses à M. le marquis, si toutefois il veut bien les accepter.

Raoul ne répondit pas, mais il prit la main de la jeune fille et lui mit un baiser sur le front. Ce baiser était le pardon du père que le noble jeune homme accordait à l'enfant.

Maître Guillé éprouva alors comme un remords de ses cyniques paroles, il s'approcha de Raoul le chapeau à la main et lui dit :

— Monsieur le marquis, je suis un bavard incorrigible quand j'ai la tête montée par nos petits vins, et il me semble toujours que je suis à Auxerre, au club de l'Egalité, où on parle tant et tant de la guillotine, qu'on finit par rêver tout rouge pendant chaque nuit. Si j'ai dit un mot qui vous ait déplu, je suis prêt à vous en faire mes humbles excuses.

— Mon pauvre Jean, répondit le marquis avec douceur, je te pardonne d'autant plus aisément que ton pardon m'est demandé par la plus jolie fille du pays bourguignon. Maintenant laisse-moi te bien rassurer ; je n'ai ni les moyens ni la volonté surtout de te troubler dans ta joie de possession. Ce que tu as est à toi, garde-le. Ce n'est pas toi, mais la nation qui m'a volé. Par conséquent, si jamais j'avais la faculté de réclamer, ce serait à elle que je m'adresserais. Or, comme je suis proscrit, que la seule prétention que je puisse avoir est de mettre tout en œuvre pour soustraire ma tête au charmant jouet de M. de Robespierre, et que mon seul but en venant ici était de pouvoir chasser encore là où j'ai chassé pendant toute ma vie, laisse-moi te proposer un arrangement.

Ce mot d'arrangement, malgré les paroles rassurantes du marquis, donna le frisson à Jean Guillé.

—De quoi s'agit-il? murmura-t-il avec anxiété.

—Lorsque je suis parti, reprit Raoul, je t'ai chargé de faire rentrer quelques sommes.

—C'est vrai, monsieur le marquis, et j'ai environ dix mille écus à vous.

—C'est bien ce que j'avais calculé. Dix mille écus au denier cinq font quinze cents livres de rente.

—Comme dirait Barême, monsieur le marquis.

—Tu es avare, continua Raoul, mais tu es honnête selon la lettre de la loi. Donc, je me fie à toi.

—Vous avez raison, monsieur le marquis, je ne défends que mon bien.

Raoul réprima de nouveau un sourire.

—Donc, je place ces dix mille écus chez toi, et tu m'en serviras le revenu.

—Je suis à vos ordres, monsieur le marquis.

—Tu me logeras et me nourriras, tu me laisseras chasser chez toi et t'accompagner lorsque tu découpleras un de tes équipages, et je te payerai ma pension à raison de cent livres par mois.

—Massacre de cerf! je ne veux pas de cela, monsieur le marquis! s'écria Sonne-Toujours, que la probité austère et simple de Raoul émouvait.

—Pardon, répondit celui-ci avec une fermeté fière, quoique sans aigreur; tu sais bien, mon ami, que les Pré-Gilbert, en dépit des révolutions, sont gens de noble race et qu'ils ont coutume de ne rien devoir à personne. Donc, je te payerai cent livres par mois. Il m'en restera vingt-cinq pour mes menus plaisirs... pour acheter à ma petite Rose quelques-uns de ces colifichets qu'elle acceptait de moi, jadis, avec tant de plaisir.

Rose jeta à Raoul un regard d'orgueilleuse satisfaction et sembla lui dire :

—C'est bien, marquis, c'est très-bien!

—Un gentilhomme est assez riche de quinze cents livres de revenu, ajouta Raoul avec mélancolie, surtout lorsque son roi est mort de la main du bourreau et que les princes mangent le pain noir de l'exil.

Puis il se leva de nouveau, et dit simplement:

—J'ai fait quinze lieues à pied, je meurs de lassitude. Rose, veux-tu prendre un flambeau et me conduire à ma chambre?

Rose obéit et précéda le marquis. Elle le conduisit à l'appartement qu'il occupait jadis. La noble enfant avait su faire respecter cette pièce, et la protéger contre la manie de bouleversements et de réparations qui possédait son père. Le plafond n'était pas veuf comme dans les autres, de son écusson, et Raoul retrouva tout ce qu'il avait laissé à son départ.

Un moment absorbé par de pénibles souvenirs, le jeune homme oublia Rose et demeura immobile au milieu de la pièce; mais Rose se mit à ses genoux, et lui dit, les larmes aux yeux.

—Raoul, monsieur Raoul, oh! pardon pour l'infamie de mon père... oh! pardon, il est fou et ne sait ce qu'il fait.

Raoul releva Rose ; et, en la relevant, il la regarda; pour la première fois, peut-être, il s'aperçut qu'elle était belle; — en même temps il éprouva comme une commotion électrique au cœur, et il devina son amour.

Raoul était parti enfant, il revenait homme, et il comprenait la portée d'un regard...

Or, dans le regard qui fut échangé entre eux, les deux enfants échangèrent leur âme tout entière, et Rose s'enfuit éperdue, étouffant un sanglot.

IV

Le marquis se mit au lit, persuadé qu'il allait fermer les yeux aussitôt et dormir tout d'une traite jusqu'au jour; il se trompait; le sommeil ne vint point, l'image de Rose sembla s'asseoir à son chevet et lui commander l'insomnie.

Raoul avait alors près de vingt ans; mais à peine savait-il les premiers bégaiements, possédait-il les premières notions de l'amour.

Son enfance, passée à la campagne parmi des natures simples et franches, loin du souffle corrupteur de la cour et des villes, n'avait atteint l'âge d'homme qu'à cette heure solennelle où la noblesse de France dut renoncer à l'amour, au bien-être, aux heures charmantes du repos et des rêves d'avenir, pour soustraire sa tête au fer de la guillotine, tirer l'épée, défendre et essayer ensuite de venger son roi.

En quittant Pré-Gilbert, Raoul ne songeait encore qu'aux innocentes et rudes émotions des fils de saint

Hubert. Quand il revint de Coblentz, il n'avait guère acquis que des théories vagues et cet instinct confus, mais déjà vivace, qui s'implante au cœur de l'homme, et lui murmure que la femme est, en ce monde, le premier mobile, peut-être, de ses actions, de ses vœux, de ses aspirations vers l'avenir.

La vue de Rose, ce pressentiment qu'il éprouva de l'amour de la jeune fille, fut toute une révélation chez lui.

Rose l'aimait!

—Elle l'aimait autrement qu'un frère et un bienfaiteur ; elle l'aimait comme la femme aime l'homme qu'aucun invincible obstacle ne sépare d'elle ;—elle l'aimait peut-être encore comme celui entre lequel et soi-même s'interpose une barrière infranchissable, tant la femme est séduite par la poésie du désespoir.

Il se souvint alors de mille circonstances passées pour lui inaperçues, de mille riens charmants qui n'eussent certainement point échappé à un homme moins ignorant des mystères de la vie et du cœur.

L'enfance de Rose passa tout entière devant ses yeux, et, dans ses larmes et ses sourires de petite fille, dans ses coquetteries mutines, dans ses puérils dépits, il lut et comprit dix années d'amour qui lui avaient échappé. Les moralistes ne seront peut-être pas tous de notre avis, mais il est bien certain, cependant, que la pensée et le mot de mariage sont toujours loin de l'imagination de ceux qui, pour la première fois, viennent à songer à l'amour.

Rose apparut à Raoul comme nous apparaît cette première idole rêvée longtemps par notre cœur à l'insu de notre esprit, et Raoul oublia, ou plutôt il ne songea point une minute que Rose était la fille de son intendant, partant d'une condition essentiellement inférieure à la sienne, qui lui interdisait toute pensée, tout projet d'union pour l'avenir.

Il ne vit et ne comprit qu'une chose, c'est que Rose l'aimait et qu'il allait aimer Rose. Toute autre pensée, coupable ou non, demeura loin de son esprit. Quant à sa fortune perdue, à son château passé aux mains avides de Sonne-Toujours, à sa position redoutable et critique de proscrit, aux périls immenses qu'un mot imprudent, une délation de la part d'un domestique lui pouvait faire courir, il n'y songea.

Cependant, comme les angoisses de l'âme finissent toujours par s'incliner devant les lassitudes du corps, ce qui est un signe infaillible de la faiblesse de notre nature, Raoul, qui avait cheminé toute la journée et qui était brisé de fatigue, finit par s'endormir.

Peut-être rêva-t-il à Rose, mais il s'endormit. La voix sonore du citoyen Jean Guillé l'éveilla au point du jour.

—Allons, monsieur le marquis, disait-elle, le bois est fait, la bête détournée, les chiens sont couplés et hurlent sous le fouet, il faut partir!

Raoul avait fait des rêves si doux, où Rose était mêlée sans doute, qu'il fut un moment le jouet d'une étrange et charmante illusion. Il crut avoir eu le cauchemar, et s'imaginant que la Terreur, Coblentz, l'armée de Condé, n'étaient qu'un songe, il se crut encore à ce temps heureux où Sonne-Toujours, avec sa veste de piqueur, le venait éveiller et sonnait le boute-selle.

L'illusion s'évanouit, lorsqu'il vit entrer le nouveau propriétaire de Pré-Gilbert en galant justaucorps de chasse et bottes à l'écuyère, comme il était vêtu autrefois, lui Raoul.

Le citoyen maire de Pré-Gilbert avait eu à soutenir, la veille au soir, après la retraite du marquis, un rude assaut contre sa femme et sa fille.

Les deux femmes, s'armant de courage, invoquant l'honneur, la reconnaissance, la dignité personnelle et la mémoire du passé, tous ces nobles guides de l'homme dans le chemin de la vie, lui avaient reproché son odieuse et burlesque conduite.

Jean Guillé, on le devine, était demeuré sourd à l'endroit de la restitution des biens du marquis, mais il avait reconnu ses torts sur tous les autres faits, et racheté, provisoirement du moins, la paix du ménage, en jurant d'être respectueux et plein d'égards pour son ancien maître.

La nuit porte conseil; Jean Guillé avait fort réfléchi sur l'oreiller, et la conclusion obligée de ses réflexions avait été celle-ci : à savoir que, pour que lui, Guillé, eût la conscience en repos et pût jouir en paix de cette grande fortune qu'il devait au hasard, lequel l'avait fait riche en appauvrissant le marquis, il devait plaindre de toute son âme son ancien seigneur, lui témoigner une respectueuse sympathie, et agir avec lui comme s'il était encore son piqueur, et que lui, Raoul, eût conservé son bien et son titre de seigneur châtelain de Pré-Gilbert.

L'ancien intendant, cette résolution prise, s'était paisiblement endormi du sommeil des justes et sans le moindre scrupule, après avoir ordonné, toutefois, à son piqueur d'aller détourner un daim dans le bois voisin, et fixé le lieu du rendez-vous de chasse.

Au matin donc, maître Jean Guillé, dit Sonne-Toujours, entra dans la chambre de Raoul et l'éveilla. Raoul sauta à bas du lit, prit dans sa garde-robe, demeurée intacte, des habits convenables pour remplacer ses haillons de la veille, reçut l'ancien piqueur avec un sourire et se trouva prêt en dix minutes.

—Nous avons un daim superbe à courir, dit Sonne-Toujours, un dix-cors, monsieur le marquis !

—Oh ! oh ! fit Raoul joyeux et redevenant veneur.

—Nous ferons une belle journée, je vous jure.

—Tant mieux, morbleu !

—Et nous aurons un cuisseau de venaison à dîner, je vous en réponds.

Puis, envisageant le marquis :

— Vous avez bien fait, dit-il, de laisser pousser votre barbe ; il faut vous regarder de bien près pour vous reconnaître ; et quoique, ajouta-t-il en se rengorgeant, j'aie quelque influence dans le district, et puisse, à la rigueur, vous protéger contre tout péril, il vaut mieux qu'on ignore votre présence à Pré-Gilbert. Je tiens à me maintenir dans l'esprit du citoyen Robespierre. C'est un homme qui a des idées à lui, et qui n'est pas du goût de tout le monde, j'en conviens, mais je vous réponds qu'il a du bon, malgré ça.

Raoul fronça le sourcil et ne répondit rien.

— Or donc, monsieur le marquis, je vous ai fait passer, aux yeux de mes officieux, pour un mien cousin qui avait fait comme l'enfant prodigue, afin d'expliquer vos haillons; et, devant eux, je vous donnerai simplement le nom de Raoul, quoique pour moi, et n'en déplaise à mon ami le citoyen Robespierre, vous soyez toujours le marquis de Pré-Gilbert.

— C'est bien, dit Raoul.

— Par conséquent, chassez en paix, nul ne vous troublera ici.

Le ton respectueux de Sonne-Toujours inspirait au marquis une pitié sympathique pour ce pauvre diable de millionnaire qui voulait à tout prix conserver ses trésors.

Il le suivit à la salle à manger, où Rose avait préparé la halte du matin.

Les deux jeunes gens rougirent l'un et l'autre en se regardant, et Raoul monta à cheval, dix minutes après, avec moins d'ardeur qu'on eût dû le supposer de la part d'un homme qui avait bravé l'échafaud et fait trois cents lieues à pied pour venir chasser.

Malgré sa résolution d'être plein d'égards et de respect pour son ancien maître, Sonne-Toujours oublia plusieurs fois, pendant les épisodes de cette journée de chasse, qu'il est inutile, du reste, de raconter, le serment qu'il avait fait à sa femme et à sa fille. Plusieurs fois il se laissa aller à des tirades républicaines au moins choquantes pour le marquis, à des bouffées de vanité sur sa fortune et ses vastes domaines, qui durent faire éprouver à Raoul un sentiment de profonde amertume.

Mais on ne se refait pas à cinquante-deux ans, et Sonne-Toujours avait le défaut d'être vaniteux et et vantard.

Le daim détourné fut couru, forcé et pris en quelques heures ; les veneurs revinrent au château vers la brune, le citoyen Guillé, radieux et triomphant comme un parvenu à qui tout vient à souhait ; Raoul mélancolique et pensif comme un homme amoureux pour la première fois de sa vie.

Nous n'entreprendrons pas de raconter jour par jour et heure par heure la nouvelle existence que Raoul commença à Pré-Gilbert, dans cette maison de ses pères, passée entre ses mains, et dont il n'était plus que l'hôte. Dans le pays on aimait le jeune homme. Ceux qui le reconnurent, et il y en eut beaucoup, gardèrent religieusement le secret de son retour ; il ne fut donc pas inquiété. Nous nous bornerons donc à esquisser sommairement les détails indispensables à l'intelligence de notre récit.

Raoul était d'une philosophie peu commune, philosophie dont, cependant, la noblesse d'alors donna des preuves nombreuses dans les prisons et sur les marches de l'échafaud.

Il s'était résigné à la perte de ses biens, il n'avait pas de famille, peu lui importait la pauvreté ; vivre de l'air natal, chasser sur les terres où s'écoula son enfance, tel avait été d'abord son unique vœu, et il était rentré dans sa maison devenue celle de Sonne-Toujours, sinon avec calme et indifférence, au moins avec la résignation et la force d'âme des grands cœurs.

Cependant il eut quelque peine à s'accoutumer au jargon tout nouveau, à l'importance de fraîche date de maître Guillé, qui s'était si bien habitué à l'opulence et à ses fonctions de magistrat qu'on eût juré qu'il n'avait jamais connu d'autre condition.

Aussi Raoul voyait-il le moins possible son ancien piqueur. Quand ils chassaient ensemble, il enfonçait l'éperon aux flancs de son cheval, piquait à gauche lorsque Jean Guillé prenait à droite, et se rendait toujours à l'hallali par un autre chemin.

Le plus souvent le jeune marquis prenait un fusil, sifflait un chien d'arrêt, et broussaillait modestement les coteaux des environs, tirant des perdrix et des lièvres au déboulé.

Au reste, il éprouvait un besoin impérieux de solitude depuis quelque temps, — il se plaisait dans un isolement absolu, et il rêvait.

Cette rêverie, cet isolement étaient la conséquence forcée de la métamorphose qui s'était opérée en lui. Il aimait Rose ; il ne le lui disait et ne se l'avouait même pas.

Il ressentait une joie indicible à se trouver seul avec elle, le soir, aux approches du crépuscule, tandis que Claire veillait aux soins du ménage, et que le citoyen maire de Pré-Gilbert sonnait un hallali, courant au loin, sous la futaie.

Alors c'était plaisir et merveille de voir ces deux enfants se regarder et se parler bas de choses insignifiantes la plupart du temps, car jamais ni l'un ni l'autre ne prononçaient un mot d'amour. Mais l'amour se trahissait dans leurs gestes, dans le son de leurs voix, dans leurs moindres actions.

Cet amour n'échappa bientôt plus à Claire, la mère clairvoyante; et la pauvre femme, qui ne savait plus à quel saint se vouer pour ramener son mari à des sentiments de reconnaissance et d'équité, se prit à concevoir l'espérance que le marquis oserait peut-être descendre jusqu'à sa fille, et qu'ainsi on lui pourrait rendre sa fortune.

Plusieurs fois même elle essaya de vaincre sa timidité naturelle, car elle tremblait devant le terrible maire de Pré-Gilbert, comme ces feuilles jaunies que roulait le vent de novembre dans la cour du château ; mais au dernier moment, la force lui manquait, elle n'osait plus... D'ailleurs maître Sonne-Toujours, rassuré sur les intentions du marquis, après avoir été de belle humeur et tout guilleret pendant la première quinzaine du séjour de Raoul au château, maître Sonne-Toujours, disons-nous, était redevenu sombre, taciturne, inquiet... Il avait des accès d'humeur noire qu'il n'osait faire retomber sur le marquis, mais dont souffraient sa femme et sa fille ; souvent il se prenait à accuser la Convention de mollesse et le citoyen Robespierre d'inertie. « Les ennemis de la patrie, disait-il souvent, ont un trop libre accès sur le territoire de la république. »

L'inquiétude du pauvre homme, cette inquiétude qui le poussait à la férocité, avait pris sa source un matin dans une réflexion subite qui lui traversa le cerveau.

Le marquis, se dit-il, est un honnête garçon, et il n'a pas l'intention de me dépouiller, au moins pour le moment, c'est clair, mais les temps peuvent changer. Voici qu'on vient de rendre la fille de Louis XVI, le dernier enfant des tyrans demeuré sur le sol français, à son oncle l'empereur d'Autriche : je suspecte le citoyen Robespierre de vouloir renverser la république pour rappeler la monarchie...

A cette pensée, le citoyen maire de Pré-Gilbert frissonna de tous ses membres.

— Et, poursuivit-il, si la monarchie revenait, grand Dieu! je serais un homme perdu, un homme dépouillé, ruiné, réduit à l'aumône, un gueux qui s'en irait par les routes mendiant son pain. Car enfin, en admettant que le marquis ne réclamât rien, d'autres réclameraient pour lui: ses voisins reprendraient possession de leurs châteaux, et il finirait par imiter ses voisins. D'ailleurs, si le roi revenait, je serais obligé de fuir, moi qui suis un patriote, un bon républicain ; et si je ne fuyais pas, on me pendrait, et quand on m'aurait pendu...

Jean Guillé s'arrêtait forcément à cette horrible pensée qui hérissait ses cheveux ; puis il continuait avec un soupir déchirant :

— Et si on ne me pendait pas, on me forcerait toujours à restituer..., comme si je n'avais rien payé...., comme si j'avais volé mon château, mes mes bois, mes terres, tout ce qui est à moi... bien à moi!

A partir du jour où il fit cette reflexion, Jean Guillé perdit le sommeil et l'appétit : il saluait toujours le marquis très-bas, mais il lui lançait à la dérobée de fauves et brûlants regards... il eût voulu le pulvériser...

Quand le jour venait, et qu'il baignait son front brûlant dans l'air du matin, il enveloppait d'un mélancolique regard le vaste panorama de ses propriétés, et il soupirait profondément et murmurait avec une cruelle émotion :

— On m'enlèvera tout cela, on me volera tout ! Oh ! la guillotine s'endort...

Et alors, la fureur le dominant, en proie à une fiévreuse terreur, il lui venait en tête une exécrable pensée ; il voulait aller dénoncer au district la présence de Raoul à Pré-Gilbert, le livrer à la justice des bourreaux, le jeter en pâture à cette guillotine toute rouge, et qui ne se lassait point de hisser et de laisser retomber son couperet.

Cependant cet affreux dessein lui faisait aussitôt monter la honte au front, et il en repoussait le pensée avec énergie.

Jean Guillé était un homme aveuglé par la possession, ivre de sa fortune, qu'il était loin du supposer mal acquise ; mais il était honnête au fond et incapable de succomber à la tentation de se débarrasser de celui dont le voisinage l'épouvantait si fort. Mais il eût donné, néanmoins, tout au monde, hormis son bien, pour savoir le marquis à deux cents lieues de Pré-Gilbert, sur le Rhin avec les princes, au diable.

Maître Sonne - Toujours était de ces hommes qui croient affaiblir un péril en en reculant l'imminence.

Un jour cependant il dit au marquis :

— Vous m'assurez bien, monsieur le marquis, que vous ne comptez pas réclamer ?

— Je te le jure.

— Même si le roi revenait ?

— Sans doute.

— Et si l'on vous y forçait ?

— Qui cela ?

— Dame ! le roi...

— Le roi aura bien autre chose à faire.

— Les gentilshommes vos parents, et vos voisins.

— Mon ami, dit froidement le marquis, on ne force jamais un homme à reprendre ce dont il ne veut plus.

Et Raoul lui tourna le dos en riant.

Jean Guillé se trouva rassuré pour une heure, mais ses terreurs le reprirent bientôt, et il finit par songer sérieusement, tout en *ménageant la chèvre et le chou*, à expulser doucement et petit à petit le marquis du château.

Une circonstance imprévue vint lui faire la partie belle et amener le dénoûment de ses burlesques terreurs.

Raoul aimait Rose, et Rose aimait Raoul; — pourtant Rose n'avait jamais soupiré : Raoul, je vous aime! et Raoul n'avait pas dit non plus : Je t'aime, ma petite Rose, je t'aime autrement que je ne t'aimais.

Cependant les deux enfants se rencontraient et se voyaient à toute heure. Raoul ne chassait presque plus. Rose passait de longues heures assise auprès de la fenêtre, quand Raoul se trouvait dans la salle à manger, la pièce où se tenaient d'ordinaire les hôtes du château de Pré-Gilbert.

Enfin leur bouche seule était muette, leurs yeux disaient éloquemment leur amour.

Claire, qui déjà l'avait soupçonné, n'en pouvait plus douter à cette heure, et elle s'en réjouissait, espérant que son mari, éclairé enfin, ferait un retour sur lui-même et offrirait à Raoul et sa fortune et la main de sa fille.

Mais Sonne-Toujours était trop absorbé, en vérité, par ses préoccupations et sa terreur, pour voir autre chose qu'un ennemi et un spoliateur dans le marquis.

Claire fit donc, un jour, un effort sur elle-même, elle s'arma de courage et aborda Jean Guillé, au moment où Raoul chassait dans les vignes environnantes, et tandis que Rose était assise au bord de la rivière à l'ombre d'un saule. On était alors au commencement d'août, le milieu du jour approchait et la chaleur était étouffante.

L'honnête citoyen, maire de la commune de Pré-Gilbert, assis sur le seuil de sa porte, sur lequel un mur voisin projetait son ombre, essuyait, avec un mouchoir, la sueur qui découlait de son front chauve, et soupirait profondément en contemplant la prairie qui s'étendait devant le château.

Ce fut en ce moment que Claire l'aborda.

— Jean, lui dit-elle, si tu trouvais l'occasion de réparer tes torts envers M. le marquis !

— Je n'ai pas de torts...

— Ecoute-moi. Si tu pouvais lui être agréable sans lui rendre sa fortune ?

— Hein ? fit l'ancien piqueur rassuré, que veux-tu dire, femme ?

Claire s'assit auprès de Sonne-Toujours et lui prit la main.

— Dis donc, mon ami, fit-elle, si, il y a dix ans, du temps du roi et des seigneurs, on t'avait proposé de marier ta fille à un gentilhomme, à M. le marquis de Pré-Gilbert, par exemple, aurais-tu accepté ?

— Pardienne ! fit naïvement l'ancien piqueur.

— Eh bien ! si, aujourd'hui...

— Plaît-il ?

— Rose aime Raoul... hasarda Claire.

Sonne-Toujours fit un soubresaut et se leva brusquement.

— Que me chantes-tu là ? dit-il.

— Et le marquis aime Rose, acheva Claire.

Et comme Jean Guillé gardait un majestueux silence, Claire raconta à son mari tout ce qu'elle avait vu, observé, deviné et compris, et, dans sa joie naïve, elle se jeta à son cou en lui disant :

— Oh ! tu redeviendras honnête et bon, n'est-ce pas ?

Le citoyen maire avait froidement écouté sa femme jusqu'au bout. Lorsqu'elle eut fini, il la regarda dédaigneusement et lui dit :

— Vous êtes folle, madame Guillé, folle à lier.

— Folle ! murmura-t-elle avec stupeur.

— Sans doute ; vous voulez marier ma fille, qui aura après nous trente mille livres de rente, à un homme ruiné. Cela n'a pas le sens commun.

— Jean...

— Mais, ma chère, reprit le piqueur avec dignité, vous oubliez, en vérité, que le jour où cet ennemi de la patrie, ce ci-devant oublié de la guillotine, l'époux légitime du citoyen Brutus Samson, aurait pris notre fille pour femme, il redeviendrait insolent et fier comme l'étaient les nobles.

— Mon Dieu ! murmura Claire levant les yeux au ciel au souvenir des nobles actions et de la bonté de son ancien seigneur.

— Ce jour-là, continua Sonne-Toujours, on reléguerait le vieux Jean Guillé dans son pavillon, on l'appellerait le bonhomme... Il ne faudrait pas un an pour qu'on en refît un piqueur.

— Oh! fit Claire avec douleur.

— Sans compter, poursuivit maître Jean Guillé, que je veux être représentant, que je veux conserver l'amitié précieuse du citoyen Robespierre, et que ce ne serait pas en prendre le chemin que de contracter une pareille mésalliance.

Et s'exaltant par degrés :

— Comment! s'écria-t-il, ce vagabond, ce gueux, cet homme ruiné et hors la loi, a osé prétendre à ma fille! c'est réellement incroyable! Et cette pécore, cette péronnelle, s'est permis d'écouter ce beau-fils... Oui dà! j'y mettrai ordre, madame Guillé, je vous en réponds... Ah! vous allez bien voir!

En ce moment, Rose revenait du bord de l'eau et s'avançait toute pensive vers le château, au seuil duquel maître Jean Guillé venait de s'asseoir majestueusement.

— Ah! vous voilà, dit-il au moment où Rose arrivait près de lui, vous voilà, fille insoumise et rebelle, qui vous permettez de disposer de votre cœur et supposez que je vous laisserai libre de disposer de votre main.

Rose regarda son père.

— Que voulez-vous dire? demanda-t-elle.

— Comment! s'écria Jean Guillé, comment, petite malheureuse, fille dénaturée, tu te permets d'aimer un homme sans le consentement de ton père! Et quel homme, s'il vous plaît! un ci-devant, un ennemi de la patrie, qui hait le citoyen Robespierre et ne reconnaît pas l'existence de l'Être suprême, un homme ruiné, un vagabond, un...

Rose imposa silence à son père d'un geste.

— Vous êtes fou, ingrat et méchant, lui dit-elle. Et qui vous a dit, mon père, que moi, Rose Guillé, la fille du piqueur, j'oserais jamais prétendre à devenir marquise de Pré-Gilbert? Êtes-vous donc aveuglé à ce point que vous supposiez qu'un gentilhomme dépouillé par son vassal épousera jamais la fille de ce vassal? Vous êtes fou, mon père, mille fois fou, et c'est à en hausser les épaules...

Ces paroles de Rose exaspérèrent Sonne-Toujours.

— Eh bien! s'écria-t-il, qu'il y vienne, ce marquis, ce gentilhomme, ce seigneur d'autrefois, demander la main de la fille de son ancien vassal, et nous verrons comme il sera reçu!

Sonne-Toujours achevait à peine, que Raoul de Pré-Gilbert tournait, en revenant de la chasse, l'angle du bâtiment et s'avançait lentement vers lui, si lentement que Sonne-Toujours eut peur et recula d'un pas.

Raoul alla jusqu'à lui, le toisa dédaigneusement et avec un accent de mépris glacé :

— Et qui vous dit, fit-il, maître Jean Guillé, qui vous dit que moi, marquis de Pré-Gilbert, j'irai vous demander la main, non de la fille de mon ancien piqueur, mais de la fille de l'homme qui a acheté mes biens à vil prix, afin de recouvrer ainsi ma fortune? Vous déraisonnez, bonhomme!

Et Raoul tourna le dos au citoyen maire de Pré-Gilbert stupéfait.

En ce moment un officieux de Sonne-Toujours arriva du village courant à toutes jambes.

— Citoyen, dit-il, on vous attend à la commune, le conseil municipal est assemblé; il y a de graves, de terribles nouvelles de Paris...; le citoyen Robespierre est mort!

Jean Guillé poussa un cri ; — il lui semblait voir la monarchie restaurée, le roi sur le trône, — et se dresser la potence qui l'attendait.

Et, pris de vertige, oubliant sa femme, sa fille et Raoul, il se précipita dans la direction de Pré-Gilbert avec l'allure inégale et saccadée d'un fou.

Le trouble que manifestait son mari épouvanta Claire à ce point qu'elle courut après lui, et laissa Raoul et Rose en présence.

Raoul était pâle de colère, Rose baissait les yeux et tremblait.

Les deux jeunes gens demeurèrent un moment immobiles, muets, et n'osant lever les yeux l'un sur l'autre.

Enfin le marquis fit un pas vers elle, lui prit doucement la main et lui dit avec tristesse :

— Ma petite Rose, je suis le dernier de ma race, et, comme tel, je n'avais à rendre compte à personne de mes actions. Si nous eussions vécu en un autre temps, si le roi régnait encore, si j'étais toujours le marquis de Pré-Gilbert, riche de trente mille livres de rente, indépendant, pouvant braver un préjugé, debout et puissant comme il l'était jadis, et non point foulé aux pieds et tourné en dérision par les idées et les mœurs républicaines, si, enfin, tu étais encore la fille de Jean Guillé, mon piqueur, et non la fille du citoyen Guillé, un des plus riches propriétaires du canton, l'influent au district, je me mettrais à tes genoux, mon enfant, je prendrais tes deux mains dans les miennes et je te dirais :

Rose, mon cher ange, noble cœur vaut noble nom ; vertu et beauté valent naissance ; tu m'aimes et je t'aime, veux-tu partager ma vie, accepter ma main et me permettre de te rendre heureuse ?...

— Jamais ! jamais ! murmura Rose en éclatant en sanglots.

— Mais les temps sont changés, mon enfant, continua Raoul avec tristesse, tu es riche et je suis pauvre. Les tiens sont forts, ils ont le pouvoir en main. Moi et ceux de ma caste, nous sommes les faibles et les vaincus. T'épouser aujourd'hui serait une lâcheté, et quelque perfide qu'ait été le sort des combats, les vaincus doivent noblement supporter leur défaite. Honte et malheur au gentilhomme appauvri et réduit à l'impuissance qui songerait à redorer son écusson par une mésalliance qu'il aurait eu le droit de contracter lorsqu'il pouvait tout donner à la femme dont maintenant il recevrait tout !

Il lui mit un baiser au front et lui dit :

— Adieu donc, mon enfant, je vais quitter le château et le pays, et jamais je n'y reviendrai. J'emporterai ton image et ton souvenir au fond de mon cœur, ils y vivront jusqu'à mon dernier soupir. Songe à moi quelquefois, tâche d'être heureuse ; si je puis apprendre ton bonheur quelque jour, je supporterai avec plus de courage les misères et les privations de l'exil. Adieu...

Raoul voulut s'éloigner, Rose se précipita à ses genoux et murmura :

— Raoul, monsieur Raoul, par grâce écoutez-moi...

Il la fit asseoir sur un banc placé auprès de la porte, s'assit à côté d'elle et lui dit :

— Parle, je t'écoute.

— Monsieur le marquis, fit-elle d'un ton dont le respect atténuait la tendresse, je mourrais de honte et de douleur si vous pouviez soupçonner un moment que j'ai eu la pensée, moi la fille de l'homme qui vous a volé et trahi en abusant de votre confiance, d'aspirer jamais à votre main...

Je vous aime, monsieur Raoul, mais comme on aime celui qui fut bon et généreux, et qui n'a recueilli d'autre fruit de ses nobles actions que la plus noire ingratitude. Je vous aime, mon Dieu ! mais je vous aime comme le chien demeuré fidèle aime son maître, comme on aime l'homme assez noble, assez généreux pour pardonner au père ses lâchetés et son infamie, et presser en même temps les mains de sa fille... Monsieur Raoul, murmura Rose en sanglotant, vous avez raison de vouloir quitter cette maison qui fut à vous et qu'on vous a volée ; vous avez raison de vouloir fuir cette terre de France qui fume encore du sang de son roi, de répudier ce malheureux pays aveuglé qui a foulé aux pieds ses lois, ses mœurs, son Dieu, insulté la mémoire de ses aïeux et jeté leur cendre au vent. Partez, monsieur le marquis ; à ceux qu'a trahis la fortune une mort glorieuse reste seule. Allez mourir en gentilhomme, Raoul : qui meurt bien a noblement vécu !

Et maintenant, ajouta-t-elle en lui jetant ses deux bras autour du cou, maintenant que tu sais bien, ô mon Raoul ! que je n'ai jamais eu l'audace de songer à devenir ta femme, maintenant laisse-moi te parler de mon amour, car il est désintéressé et pur; laisse-moi te dire que depuis bien longtemps mon cœur tressaillait au son de ta voix, que je frissonnais et tremblais quand ta main pressait la mienne, lorsque tes lèvres effleuraient mon front; — que j'étais jalouse de tes chiens couchés en rond à tes pieds, jalouse de ton cheval favori, dont tu caressais l'encolure noire et lustrée avec tendresse, et qui mangeait une poignée d'orge dans ta main. Tu pars, mon Raoul, oh! laisse-moi te suivre... te suivre partout où tu porteras tes pas d'exilé et ton infortune. Je serai ton amie, je t'environnerai de mes soins, de mon affection, je partagerai tes mauvais jours et je te parlerai d'espérance. Vivre auprès de toi comme une servante, comme ce lévrier que tu aimais tant, réchauffer tes mains glacées dans les miennes, veiller quand tu sommeilleras, panser tes blessures aux soirs du combat, mourir de douleur le jour où t'atteindra la mort des braves! ah! c'est là le seul, l'unique bonheur que j'aie jamais osé rêver... Ce bonheur, me le refuseras-tu?

Raoul contempla, pendant dix secondes, cette noble et belle créature qui lui souriait à travers ses larmes et le suppliait d'être heureux en se dévouant à son bonheur; il sentit son cœur se soulever et battre avec violence, il lui sembla voir le voile qu cachait l'avenir se déchirer brusquement et lui montrer une longue suite de jours calmes et sereins comme les belles soirées d'automne qui succèdent tout à coup aux tempêtes, et se mettant à son tour aux genoux de Rose :

— Rose, mon enfant, lui dit-il, si tu te sens assez de courage pour renoncer à cette fortune...

— Qui n'est point à moi ! fit-elle avec indignation, qui est un vol honteux, une infamie, qui retombe en taches de boue sur mon front !

— De renoncer à ton père, à ton pays, à tout ton avenir... si la vie orageuse du proscrit ne t'épouvante pas, eh bien ! fuyons ensemble, nous retournerons auprès des miens, nous nous jetterons aux genoux du roi Louis le dix-huitième, de ce roi sans royaume dont la volonté sera toujours ma loi, à qui mon respect, mon sang et ma vie appartiendront jusqu'à leur dernière goutte et leur dernier souffle, et je le supplierai d'être le témoin nuptial de madame la marquise de Pré-Gilbert.

— Jamais ! dit Rose ; vous oubliez qui je suis, monsieur Raoul.

— Je sais que tu es une noble et belle créature, Rose ; je sais que tu seras digne, pauvre et ruinée comme lui, comme lui sans asile, de partager la vie du marquis de Pré-Gilbert, ce vagabond gentilhomme, ce seigneur sans vassaux, ce Français sans patrie.

Pendant que les deux jeunes gens parlaient ainsi, ils ne s'étaient point aperçus du retour de Claire.

Claire était à deux pas, tremblante et tout émue de ce qu'elle entendait, pleurant de joie à la simple et noble éloquence de sa fille, dont le désintéressement faisait son orgueil.

Raoul leva les yeux, l'aperçut et laissa échapper une exclamation de surprise.

Claire alla à lui, prit sa main qu'elle baisa, et lui dit :

— Monsieur le marquis, mon cher et bon maître, voulez-vous me laisser vous suivre comme elle, et comme elle partager votre destinée ?

— Oh ! oui, dit Raoul, oui, venez, ma bonne Claire, venez avec nous.

— Raoul, fit Rose avec fermeté, je vous suivrai, nous vous suivrons toutes deux, mais je ne serai point votre femme. Vous le disiez tout à l'heure, honte et malheur au gentilhomme qui se mésallierait lorsqu'il ne lui reste plus que le nom de ses pères !...

Pendant que ce drame pathétique se déroulait au château, le citoyen maire de Pré-Gilbert courait à la commune, en proie à une agitation sans égale.

— Massacre de cerf ! murmurait-il, bronchant et buttant à chaque pas, tant sa terreur était grande et lui obscurcissait la vue, massacre de cerf ! les tyrans reviennent ! Le citoyen Robespierre, cet homme généreux, ce grand citoyen, qui avait eu l'idée lumineuse, la généreuse pensée de mettre en vente les biens d'émigrés et de créer les assignats, le citoyen Robespierre est mort ! Je suis un homme perdu...

A l'heure qu'il est, peut-être le tyran a-t-il déjà repris possession de Paris ; peut-être file-t-on déjà la corde de chanvre qui servira de cravate au patriote Jean Guillé, à ce grand citoyen qui avait inspiré une telle confiance à la Convention et à la patrie, qu'on lui avait permis de garder sa meute... On le dépouillera, on lui prendra tout, terres, château, prairies, hautes-futaies, on le chassera de chez lui ; on l'enverra pendre à Auxerre... Massacre de cerf et damnation!

Et l'ancien piqueur avait des larmes plein les yeux, et il pleurait ce bon monsieur de Robespierre avec une sincérité digne d'éloges. Lorsqu'il arriva à la commune, les abords en étaient encombrés par une foule trépignante, avide de nouvelles, parmi laquelle il y avait des gens inquiets et terrorisés.

On venait d'apprendre le 9 thermidor, l'irritation du peuple, qui avait essayé d'enrayer et de faire rebrousser chemin à la dernière charrette qui emportait André Chénier se frappant le front et disant : « J'avais encore là quelque chose ! »

L'arrestation, le jugement, l'exécution de Robespierre et de ses complices, augmentés de commentaires de toute nature, de bruits et de rumeurs les plus en désaccord, étaient déjà connus des deux tiers de la France.

On disait que le peuple, las de ce joug de fer rouillé par le sang, et qu'on avait en vain essayé d'appeler du nom de liberté, allait rappeler ses rois. On disait aussi que l'armée, à la tête de laquelle commençaient à surgir des généraux comme Hoche, Marceau, Kléber et Bonaparte, ne voulait plus qu'un misérable, un assassin affublé du nom de commissaire de la Convention, envoyât ses chefs à l'échafaud le soir d'une victoire, et qu'elle s'était juré de rendre la paix intérieure à cette nation tromphante au dehors, grâce à elle.

Aussi les patriotes de Pré-Gilbert, ceux qui avaient entouré l'échafaud avec enthousiasme et entonné le plus vigoureusement la *Marseillaise*, avaient-ils grand'peur et tremblaient-ils de tous leurs membres.

En pénétrant dans la salle de la commune, le citoyen maire trouva les conseillers consternés ; ils s'accusaient déjà les uns les autres et se menaçaient de délations réciproques ; tous frissonnaient en écoutant les rumeurs du dehors et les sourds murmures de toute une population à laquelle la terreur avait longtemps imposé silence, et qui se réveillait et sortait tout à coup de son apathie.

On entoura maître Sonne-Toujours ; on lui remit les dépêches qui venaient d'arriver et qu'on avait ouvertes ; on le questionna, on lui demanda conseil...

Mais Sonne-Toujours était incapable de donner des conseils ; il ne savait plus, le malheureux, où donner de la tête lui-même, et il s'écria d'une voix lamentable :

— Nous sommes tous perdus, mes amis, perdus et ruinés ! la république est à sa dernière heure, les tyrans sont à nos portes ; il ne nous reste plus qu'à fuir !

A ce *sauve qui peut !* prononcé par le chef de la municipalité, les conseillers pensèrent qu'ils étaient déliés de tout serment, affranchis de tout devoir extérieur, et ils ne songèrent plus qu'à leur salut.

Ils quittèrent un à un la commune, et Jean Guillé finit par s'y trouver seul, abandonné de ses plus fidèles, et accueilli par les huées de la foule qui envahit tout à coup la salle pour l'en chasser.

— Eh ! Sonne-Toujours, lui crièrent quelques voix railleuses, beau châtelain de Pré-Gilbert, gare à toi ! monsieur le marquis va revenir, et il n'aura besoin que de son fouet pour te chasser de la maison où tu te trouvais si bien...

Ces paroles firent rugir le pauvre homme, et, fendant la foule, se faisant jour au travers, grâce à sa force herculéenne, il reprit en courant la direction du château, dans l'intention d'y assassiner le marquis, de l'étouffer et de l'écraser comme on écrase une couleuvre qu'on a réchauffée longtemps.

Mais, en courant, le citoyen maire se prit à réfléchir qu'il n'en serait que mieux pendu lorsqu'il aurait sur les mains du sang de son ancien maître, et, reprenant un peu de raison et de clarté d'esprit, il songea que le seul homme qui pût désormais le sauver, c'était le marquis.

Alors il se repentit amèrement des paroles de mépris qui lui étaient échappées naguère, et, revenant malgré lui au temps où il était piqueur du château, il se prit à penser qu'alors il se fût estimé trop heureux d'avoir le marquis pour gendre.

— Ah! murmura-t-il, s'il voulait maintenant encore épouser Rose, il ne me dépouillerait pas ainsi, j'habiterais toujours le château..., on ne m'en chasserait point comme un mendiant, et mon titre de beau-père du marquis de Pré-Gilbert me protégerait contre tout malheur, me sauverait de toute persécution...

Mais les dernières paroles de Raoul lui revinrent en mémoire :

— Croyez-vous pas, lui avait-il dit, que j'épouserai jamais la fille de l'homme qui a acheté mes biens à vil prix?

Cette pensée cassa bras et jambes à Jean Guillé ;

il s'assit, les larmes aux yeux, au bord d'un fossé, et murmura :

— Je suis perdu et ruiné, ruiné sans retour...

La noblesse et le désintéressement du marquis passèrent alors dans son souvenir. Sa propre infortune le rendant sensible enfin à l'infortune d'autrui, il revit le marquis en haillons, venant frapper humblement à la porte de son château, ne témoignant ni irritation ni douleur, résigné et calme en présence des revers de la fortune, et il songea, lui, Jean Guillé, qu'il avait dû, plus d'une fois, torturer et humilier son ancien maître.

— Je suis un misérable et un sot, se dit-il ; si j'avais rendu sa fortune au marquis, il aimait ma fille, il l'eût épousée... et j'aurais tout conservé...

Maître Jean Guillé se lamenta assez longtemps sur ce thème, puis il réfléchit encore, et le résultat de cette nouvelle réflexion fut le dilemme suivant :

Si le marquis n'épouse pas Rose et que je conserve mes biens, j'aurai beau dire et beau faire, il est clair et certain que je ne les conserverai pas longtemps. La monarchie me chassera tout au moins, si elle ne me fait pendre.

Si, au contraire, j'offre au marquis de lui rendre sa fortune, d'abord il est possible qu'il ne l'accepte pas, car il est fier et a des idées à lui là-dessus, et s'il l'accepte, ce ne sera qu'en épousant Rose.

Dans le premier cas, il sera touché de mon bon mouvement, et, comme il est généreux, quoique mauvais patriote, il se croira obligé de me protéger et on me laissera tranquille dans mon château et dans mes terres. J'aimerais assez ce premier cas.

Dans le second, il est tout simple que le gendre du père Sonne-Toujours, de Jean Guillé, le maire de Pré-Gilbert, un magistrat municipal, s'il vous plaît, ne puisse laisser pendre un aussi bon citoyen.

Maître Sonne-Toujours raisonnait assez juste, il faut en convenir, et il se remit en route beaucoup plus calme, et peu à peu il reprit quelques parcelles de cette merveilleuse importance et de cet aplomb officiel qu'il avait acquis dans l'exercice des fonctions du gouvernement.

Lorsqu'il arriva au château, Raoul, Rose et Claire se trouvaient dans la même salle. Les deux femmes venaient de faire un léger paquet de quelques nardes de toilette, Raoul endossait un vêtement de voyage.

— Qu'est-ce que cela? s'écria l'ancien piqueur.

Les deux femmes ne répondirent point d'abord; mais Raoul, sans daigner regarder Sonne-Toujours, lui dit froidement :

— Rose et Claire se disposent à faire un voyage.

— Un voyage! massacre de cerf!

— Oui, dit Rose. Cela vous étonne, mon père?

Jean Guillé était stupéfait.

— Et où donc allez-vous? demanda-t-il.

— Vous avez tout à l'heure, répondit Rose, insulté trop gravement M. le marquis, pour que sa dignité lui permette de rester plus longtemps chez vous. Or, puisque M. le marquis part, ma mère et moi, qui l'aimons et lui sommes demeurées fidèles et dévouées, nous le suivons, parce que nous ne voulons pas manger plus longtemps le pain qu'on récolte sur les terres du château et jouir d'une opulence dont nous répudions la source.

— Eh bien! s'écria Jean Guillé, massacre de cerf! vous ne partirez pas, parce que M. le marquis ne partira pas non plus.

Raoul haussa les épaules.

— Non, il ne partira pas, continua l'ancien piqueur avec véhémence, il ne partira point, parce qu'il est ici chez lui et qu'on ne quitte pas sa maison.

Et maître Sonne-Toujours plia un genou devant Raoul et poursuivit :

— Mon cher maître et seigneur, Dieu m'est témoin que lorsque j'ai acheté vos biens pour deux cent mille francs d'assignats, c'était dans l'intention de vous les rendre; mais que voulez-vous? la fortune tourne la tête, la possession rend stupide; j'ai été lâche et ingrat, et je ne mérite que votre colère. Laissez-moi, au moins, soulager ma conscience, me débarrasser du fardeau que j'ai sur le cœur; reprenez votre château, vos terres, tout ce que la république et moi vous avons volé. Je suis né pauvre et honnête, je veux mourir honnête et pauvre.

A ces paroles de Sonne-Toujours, les deux femmes se précipitèrent vers lui les bras tendus et murmurant :

— Enfin! enfin! sa folie est passée!...

Mais Raoul prit alors la main de Rose, et, s'adressant à son ancien piqueur :

— Mon pauvre Jean, lui dit-il, ce que tu viens de m'offrir me comble de joie, car c'est une preuve que tout sentiment d'honneur n'est point encore mort en toi ; mais je ne puis accepter.

— Vous... ne pouvez..., articula le citoyen maire avec une émotion produite par la joie, et que les trois témoins de cette scène prirent pour de la douleur.

— Non, dit Raoul, car j'aime Rose et je la veux épouser. Si j'acceptais la restitution de ma fortune, ce serait, aux yeux du monde, la dot de ma femme que j'accepterais. Pour que je puisse élever Rose jusqu'à moi, il faut que je l'épouse pauvre et que je reste pauvre moi-même.

Tu t'exagères ton devoir en te croyant obligé de me rendre mes biens. Tu les as acquis, ils sont à toi; je n'ai rien à te réclamer. Si jamais le roi revient, il me les rachètera. Mais aujourd'hui je n'en veux pas. N'est-ce pas, Rose?

Et il se tourna vers la jeune fille.

— Oui, répondit elle, c'est bien, c'est très-bien.

— Ainsi..., balbutia Sonne-Toujours que l'émotion étranglait, vous ne... voulez...

— Je ne veux rien... si ce n'est la main de ta fille.

La résolution de Rose et du marquis était inébranlable. Ils voulaient partir et ils partirent.

Le citoyen maire de Pré-Gilbert aimait sa femme et sa fille; il eut donc le cœur serré et les larmes aux yeux en les voyant partir ; mais il aimait encore plus son château, ses bois, ses terres, et il se consola en pensant que le marquis partait avec elles et le débarrassait d'une perpétuelle et redoutable angoisse.

Maître Sonne-Toujours était un de ces hommes pour qui les liens de famille n'ont de prix qu'alors qu'ils n'entravent leurs intérêts en aucune façon.

Il versa donc quelques larmes, mais il n'insista nullement pour retenir le marquis et sa nouvelle famille, et le lendemain de ce jour il était seul dans son château.

Le 9 thermidor avait fait rentrer les bourreaux dans l'ombre; les listes de proscriptions furent déchirées, la France commença à respirer.

Raoul, Rose et sa mère gagnèrent Paris. Là, un prêtre non assermenté maria les deux jeunes gens secrètement, car il ne fallait rien moins que la main puissante du premier consul pour rendre à la France le Dieu de ses pères et rouvrir ses églises, et cette heure de délivrance n'avait point sonné encore.

Raoul retourna auprès des princes avec sa jeune femme et la bonne Claire.

Quant à maître Sonne-Toujours, il dissimula assez bien sa joie, lors du départ de son dangereux gendre, et bientôt, quand il apprit que le 9 thermidor, qui s'était montré sévère pour ce pauvre M. de Robespierre et ses collègues, n'avait point cependant aboli la république, il reprit en paix ses fonctions municipales et s'abandonna de nouveau à toute l'ivresse de sa possession.

Mais cette ivresse fut de courte durée; bientôt le bonhomme s'aperçut de son isolement. La tristesse et l'ennui le prirent dans ses vastes domaines, il ne chassa plus; le remords pénétra enfin réellement dans son cœur, le suivit à travers les vastes salles de son château, s'assit à son chevet, et y veilla nuit et jour.

Deux ans s'écoulèrent; cet homme si fleuri et si gras maigrit à vue d'œil, et bientôt il fut en proie à une singulière monomanie.

Il se persuada que le marquis allait revenir, que la révolution était un rêve et n'avait jamais eu lieu; il reprit son habit de piqueur et fit revenir tous les anciens serviteurs du château.

Un jour il manda des ouvriers, leur fit restaurer les écussons effacés des Pré-Gilbert, démolir les bâtiments qu'il avait construits et remettre le château sur le pied où il était lors du premier départ de Raoul.

C'était pitié de voir cet homme, courbé par le remords et la folie, parcourir avec son habit de piqueur cette vaste demeure où il était seul désormais, et dire parfois :

— C'est singulier, M. le marquis est en déplacement de chasse dans le Morvan, et il faut qu'il y prenne grand plaisir, car il ne revient pas.

Un jour, il eut un éclair de raison, et il sentit que sa fin approchait. Il écrivit son testament; ce testament était une longue et touchante prière qu'il adressait à Raoul en le suppliant de reprendre son bien.

Après quoi il se commanda un cercueil et une pierre tumulaire.

Vers le soir sa folie le reprit, et il s'éteignit deux jours après.

On l'enterra dans le cimetière du village, et sur la pierre qu'on avait taillée d'après ses ordres, on put lire cette inscription qu'il avait dictée :

ICI REPOSE
JEAN GUILLÉ, DIT SONNE-TOUJOURS,
DERNIER PIQUEUR
DU MARQUIS DE PRÉ-GILBERT.

Quelques années après, M. le marquis de Pré-Gilbert rentra en France à la faveur du calme, plein d'espérances pour l'avenir qu'amenait avec lui le premier consul. Alors Rose le conduisit à Pré-Gilbert et lui dit :

— Maintenant, mon ami, reprendras-tu des mains de ta femme cette fortune dont tu refusas d'accepter la restitution ?

— Oui, répondit Raoul, mais nous dépenserons en œuvres de charité une somme équivalente à celle dont ton père eut besoin pour acheter mes biens.

Le fils unique du marquis de Pré-Gilbert et de Rose Guillé était page de Louis XVIII. C'est aujourd'hui un bon gentilhomme morvandiau, grand chasseur, veneur passionné comme ses aïeux, et il nous contait cette histoire, en septembre dernier, pendant une halte de chasse que nous faisions à la lisière de ces hautes futaies, jadis le théâtre des exploits homériques du piqueur Sonne-Toujours.

FIN.

Imprimerie de Poupart-Davyl et Cie, rue du Bac, 30.

COLLECTION IN-18, A 3 FR. LE VOLUME

Abécédaire du Salon de 1861	Th. Gautier.
Aimée	Paul Féval.
Les Amants d'aujourd'hui	Arn. Frémy.
L'Amour d'une blanche	Ch. Jobey.
Les Amours de village	Vict. Rostand.
Un Amour vrai	Louise Vallory.
L'Ancien Figaro	Em. Gaboriau.
Les Anglais, Londres et l'Angleterre	L.-J. Larcher.
L'Année anecdotique	F. Mornand.
L'Année comique	Pierre Véron.
L'Année rustique	Victor Borie.
Les Autrichiens et l'Italie	De la Varenne.
Les Aventures de Karl Brunner	Alf. Assolant.
L'Aveugle de Bagnolet	Ch. Deslys.
Le Batelier de Clarens, 2 v.	J. Olivier.
Blanche Mortimer	Adrien Paul.
Catherine d'Overmeire, 2 v.	E. Feydeau.
La Charité à Paris	Jules Lecomte.
Clarisse	Alp. Dequet.
Comment aiment les femmes	Val. Vernier.
Comment aiment les hommes	O. Audouard.
Contes kosaks	M. Czaykowski.
Contes et profils normands	Marc Bayeux.
Les Cours galantes, 2 v.	Desnoiresterres.
Les Cotillons célèbres, 2 v.	Em. Gaboriau.
Le Curé du Pecq	G. Chadeuil.
La Dame à la plume noire	Jules Noriac.
Une dette de jeu	Adrien Paul.
Dictionnaire des ordres de chevalerie	Gourdon de Genouillac.
Le Drame de la jeunesse	Paul Féval.
Un Drame à Calcutta	A. de Bréhat.
Don Juan de Padilla	Du Hamel.
Enigmes des rues de Paris	Ed. Fournier.
L'Esprit dans l'histoire	Ed. Fournier.
L'Esprit des autres	Ed. Fournier.
Le Faubourg mystérieux, 2 v.	Léon Gozlan.
La Femme en blanc, 2 v.	Wilkie Collins.
Une Femme de cœur	Marc Bayeux.
Les Femmes mariées	Arn. Frémy.
La Fin d'un monde	J. Janin.
Le Fire-Fly	De Pont-Jest.
Le Fou Yégof	Erckmann-Chatrian.
Les frais de la guerre	A. de Bernard.
Gaëte	Maria de Fos.
Les Gens de bureau	Em. Gaboriau.
Les Gens de théâtre	Pierre Véron.
Grammaire héraldique	Gourdon de Genouillac.
Un Hermaphrodite	L. Jourdan.
Histoire anecdotique de la Fronde	A. Challamel.
Histoire de l'Industrie française	E. d'Auriac.
Histoire d'une bouchée de pain	Jean Macé.
Histoire d'une Mère et de ses enfants	Louis Ulbach.
Histoire du Pont-Neuf, 2 v.	Ed. Fournier.
L'Homme au chien muet	P. Vialon.
Les Hommes de lettres	De Goncourt.
Le 13e Hussards	Em. Gaboriau.
Jacqueline Voisin	Paul Deltuf.
Jessie, 2 v.	Morquard.
Les jeunes Amours	A. de Bréhat.
Joséphin le Bossu	Arn. Frémy.
Lettres d'amour de Mirabeau	Mario Proth.
La Loi de Dieu	Ch. Deslys.
Madame Claude	Eug. Muller.
Madame Gil-Blas, 2 v.	Paul Féval.
Manuel du chasseur au chien d'arrêt	L. de Curel.
Le Manuscrit de ma Cousine	H.-T. Leidens.
Les Mariages d'aventure	Em. Gaboriau.
Le Mari d'Antoinette	Louis Ulbach.
Les Marionnettes de Paris	Pierre Véron.
Le Mexique, Havane et Guatemala	A. de Valois.
Mœurs et coutumes de la vieille France	Mary-Lafon.
Une Nichée de gentilshommes	I. Tourguenef.
Nouveaux Contes	Andersen.
Nouvelles espagnoles	C. Habeneck.
Nuit de veille d'un prisonnier d'Etat	A. Huber.
Les Originaux de la dernière heure	Em. Colombey.
Paris au gaz	Julien Lemer.
Paris mystérieux	Mané.
Paris s'amuse	P. Véron.
Le Paris viveur	Mané.
Pauvre Matthieu	A. de Bernard.
Les Paysans russes	A. Lestrelin.
La Perle de l'île d'Orr	Beecker-Stowe.
Petits romans	A. de Bréhat.
Un philosophe au coin du feu	L. Jourdan.
Portraits du XVIIIe siècle, 2 v.	De Goncourt.
Le Premier Amour d'une jeune fille	Lardin et Mie d'Aghonne.
Raymond	C. de Mouy.
Récits de la vie réelle	C. Vignon.
La Régence galante	A. Challamel.
Romans irlandais	W. Carleton.
Le Secret de polichinelle	Laurent-Pichat.
Souvenirs des campagnes d'Italie et de Hongrie	De Pimodan.
Les Stations d'un touriste	A. de Bernard.
Sylphe	E. Feydeau.
Trente-neuf hommes pour une femme	H.-E. Chevalier.
Valdieu	M.-L. Duval.
Les Valets de grande maison	A. de Kéraniou.
La Vénerie contemporaine	De Foudras.
Victoire Normand	Claude Vignon.
Une voiture de masques	De Goncourt.

www.ingramcontent.com/pod-product-compliance
Lightning Source LLC
Chambersburg PA
CBHW071239160426
43196CB00009B/1123